rāja-yoga

从冥想到三摩地

辨喜论王瑜伽和《瑜伽经》

[印] 斯瓦米·维韦卡南达（辨喜）　著

张励耕　译

作家出版社

目 录

总　序

一、根本性的问题

　　无论身处任何时代、任何地方，总有一些根本性的问题不断困扰着我们。有时它们会以比较简单的形式出现，比如"你是谁？""你从哪儿来？""你到哪儿去？"这样的"保安三问"；有时会呈现出比较复杂的样子，比如"人生的意义是什么？""生死究竟是怎么一回事？""爱是什么？""灵魂到底是什么？""宇宙是否就是我们肉眼看到的样子？""变动不居的世界中是否有不变的东西？"等等。无论具体形式如何，也无论对日常生活的留恋和面对更高级的存在时的怯弱如何阻止我们去直面这些问题，我们在内心最深处都明白：它们是最为根本性的，绝不是无意义的妄想。但令人极为困惑的是，发达的科学技术、繁琐的宗教仪式、浩如烟海的书本，最终都无法在这些问题上给出完全令我们满意的回答，更不用说对财富、权力、名望和享乐的追逐了。我们仿佛被困在一种难以摆脱的困境中，最终不得不选取某种并不满足的答案接受下来，甚至把内心最深处的疑惑隐藏起来，假装它们不存在，在昏暗的自欺中匆匆走完这趟人生之旅。

既然这些问题不会随着时代的改变而发生根本性的变化，我们也会很自然地发现，古老的智慧对它们的回答往往更直接、更富于启发性。很多事情的确会随着时代的发展而演化，但对这些根本性问题的解答则不然。与向现代发达的科学技术求助相比，去古老的思想中寻求答案可能是一条更有希望的道路。但另一方面，作为现代人，我们也会苦于无法拉近和古人的距离。古往今来，语言、说话方式、生活形式、思维习惯等都发生了天翻地覆的变化，究竟该如何越过这些障碍、直击思想的核心呢？语言、文献、历史等都是和思想有关的，但也都不是我们最终的目标；只有穿过这些沼泽，才能得到思想的宝珠。所以，用现代的方式表述出来的古老智慧的精髓，才是我们真正想要的。

其实，从来都不缺乏做出这样努力的人。在人类的思想史上，古今之间的对话也始终都是备受关注的话题。在这样一个从未有过如此巨大而深刻变革的时代，这种对话显得尤为重要和可贵。而在做出这样努力的人中，辨喜无疑是最杰出的代表之一。

二、辨喜及其思想特点

辨喜（Vivekānanda，也译作"维韦卡南达"，1863—1902）是著名的印度教僧侣、哲学家。尽管他只走过了不到四十年的生命历程，真正用来进行自己事业的时间只有不到十年，却是向西方乃至世界传播印度瑜伽和吠檀多（Vedānta，意为"吠陀的终结"）思想的第一人。他师从在印度极具影响力的瑜伽士罗摩克里希那（Ramakrishna/Ramokṛṣṇo［孟加拉语］，1836—1886），并在1893年赴美国芝加哥参加世界宗教大会而一举成名。此后他一方面在西方传播古老东方的思想、文化和哲学，主要采取演讲或讲座的形式，然后由弟子或其他人员记录下来并出版；另一方面在印度建立组织，推动罗摩克里希那思想的实践和印度社会的改革。他的思想在印度和世界范围内都产生了巨大的震撼，包括甘地、阿罗频多（Arabinda，也译作"奥罗宾多"）在内的无数人深受他的影响，世界上很多地方都成立了与他有关的传道会或研究中心。

为什么辨喜的思想具有如此强大的力量呢？这个问题需要亲自阅读他留下的文献、接触他的理念才能解答，但译者在此可以先概括介绍一下，与人们通常印象中的印度思想相比，他的思想至少在三个方面有着独特的魅力。

其一是完备的系统性。印度的思想文化丰富而复杂，无论是在历史、哲学还是文艺领域，想讲清楚和印度相关的东西都不是件容易的事情，特别是浓厚的宗教因素，给这些领域或多或少蒙上了神秘色彩，让读者们难以捕捉其背后的真正精神。相比之下，辨喜为我们提供了一个十分清晰的体系，他把吠檀多——这也是本丛书第一卷的主题——作为自己思想的旗帜，把印度最核心的思想和智慧概括为四种瑜伽：智瑜伽（jñāna yoga）、王瑜伽（rāja yoga）、奉爱瑜伽（bhakti yoga）和业瑜伽（karma yoga）——这些则是本丛书其他卷会涉及的主题。有了这个框架，我们就可以更方便地把关于印度的知识填充到其中，形成自己的

"记忆宫殿"。

其二是充分的现代性。辨喜为什么能够比其他思想者更出色地完成阐述印度思想的任务呢？这恰恰是因为他接受了良好的现代教育，精通西方哲学和基督教思想，能以更贴近当今生活的方式更严谨地阐发古老的智慧。尼基拉南达（Nikhilananda，1895—1973）撰写的较为权威的《辨喜传》（*Vivekananda: A Biography*）的第四章曾这样概括辨喜的贡献："无论多么有价值的钱币，如果仅仅属于已经过去的历史时期，就不能再作为货币流通了。神在不同时代会采取不同的形式，以服务于当时的独特需求。"古老的思想必须现代化才真正有价值，但这也的确面临着双重困难：一方面，传统思想的传承和阐释有其自身的习惯和优点，但也有其不足之处，特别是印度过强的宗教色彩、浓厚的神秘主义和对上师（guru）的过分推崇，实际上可能导向迷信、反智的极端；另一方面，接受现代教育的人往往又很难准确地理解印度传统思想中的精华部分，要么戴着有色眼镜、以轻视的态度对待，要么陷入浩如烟海的学术知识不能自拔。在这一点上，辨喜很好地克服了传统习俗的缺陷，又汲取了现代模式的长处，真正做到了取其精华去其糟粕，为我们提供了印度古老智慧的现代范本。可以说，他的方法和思路也值得我们在发掘包括中国在内的所有传统智慧时参照学习。

其三则是"全程高能"。在日常生活中我们常常可以发现，思想的力度与震撼人心的感染力并不是一回事，往往是分开的，而真正同时包含这二者的作品可谓凤毛麟角，以至于有人认为它们是相冲突的、不可兼得的。在复杂而精巧的哲学中，虽然充斥着理智上的精彩之处和思辨的力量，但我们的心灵却很少得到真正的震撼；在艺术等领域内，我们的灵魂可能会被崇高感或美感击穿，却又找不到能持续指引我们的思想力量。相比之下，辨喜留下的文字既不是干巴巴的哲学或说教，也不是让人一时满足的心灵鸡汤，而是同时具备精致的思想和震撼人心的力量。译者清楚地记得自己第一次读到辨喜的文字时，在思想和情感上受到的双重震撼，而且在后来的翻译和研究中也一直感受着这样的力量。这的确是与其他思想、哲学或宗教文献非常不同的，让读者始终觉得像是在辨喜身边，聆听他将最高的智慧娓娓道来——"坐在老师身旁"，这恰恰是"奥义书"（upaniṣad）一词本来的意思。可以说，通过辨喜的话语，我们似乎直接与更高层的存在产生了某种连接。至于这种连接到底是怎样的，就请读者们自己去体会吧。

此外，值得注意的是，在辨喜所处的时代，印度其实面临着和同时代的中国相似的问题。作为文明古国，中印两国都是在西方文明入侵的背景下被迫开始了近代化的进程。这无疑是一种痛苦的过程，面对看上去完全异质的西方文明的冲击，无论在中国还是印度都产生了各种互不相同的思潮。有人主张全盘接受西方而摈弃传统，有人则主张固步自封而完全排斥进步和改变。历史和实践却一再证明，只有既坚持传统中合理的、精髓的部分，又吸收外来文明的优秀成果并不断发展，古老的文明才能得以保存和进步，人类社会也才能维持丰富多彩的特性并持续焕发生机。

但问题的关键在于：究竟该如何既坚持传统又吸收外来文明？具体应该抛弃哪些东西、保留哪些东西、接受哪些东西？在这方面，辨喜同样经历过艰难的探索，也做出了卓有成效的工作，这些工作的成果也将在本丛书中得到较为充分的体现。而且，辨喜对于同为文明古国的中国抱有极大的好感。他曾到过广州，为在一座寺庙中看到了以在印度早已不再使用的悉昙梵文书写的佛教经文而激动不已。因此，向中国读者系统介绍辨喜的著作，不仅能让大家更好地了解古老东方的智慧，也会有助于我们更好地推动中国思想文化的繁荣。

三、本丛书的选编思路

那么，具体选取哪些文献翻译介绍给国内读者呢？这并不是个容易的选择。辨喜本人留下了大量的演讲记录、文章、书信、诗歌等，其中最重要的部分是根据他的各种演讲和讲座记录整理而成的著作。本丛书以印度加尔各答不二论净修林（Advaita Ashrama）出版社的九卷本《辨喜全集》（*The Complete Works of Swami Vivekananda*）为底本，选取其中最重要的部分来译介。译者按照主题对这些文献进行了新的编排，此次出版的是前三卷，主题分别是：吠檀多、智瑜伽、王瑜伽与《瑜伽经》，未来还将出版奉爱瑜伽和业瑜伽等卷。这样既尊重辨喜已出版的重要著作的原貌，又使得每一卷围绕一个主题展开，便于阅读和理解。

此外，译者还编写了每一卷中重要的梵语术语表，以供有兴趣的读者进一步探究。

还想请读者们注意的是，虽然辨喜宝贵思想财富的重要性是不应当被低估的，但无论在任何时候，对一个人丧失理性的盲目崇拜都是不可取的。印度传统文化中的宗教色彩极为浓厚，这固然意味着信仰、奉献等正面品质，但也往往掺杂着不少迷信和盲从。在印度和其他一些地方，罗摩克里希那和辨喜等人已经成为新的偶像被崇拜，但他们真正的主张反而被忽略甚至弃之不顾，恐怕就违背了辨喜的初心，这也是在人类思想的历史上一再发生的事情。对于辨喜的很多具体观点，译者也并非完全赞同，同样是抱着批判和尽可能公正的态度加以对待。

真理有两个最大的敌人：一是固步自封，不接受任何与自己的成见不同的理念；二是迷信盲从，不加批判地接受一个人的所有主张。当我们放弃了自己的常识、理性和分辨力而把灵魂完全交给某个人时，真理也就永远离我们而去了。健全的常识、理性和分辨力才是上天最大的恩赐，一个人的思想如果包含了任何真理的话，一定也是符合这些的。所以，对待任何人留下的思想资源，既要有开放、真诚的态度，也始终要保有清醒的理智。辨喜所处的时代距今已经又过去了一百多年，有些具体的论述（比如他对"以太"这个术语的使用）已经不再适合。而且每个人具体的想法、面临的问题、追求的目标等都不尽相同，这也意味着我们对同一个人、同一种思想的理解会千差万别。因此，希望大家既带着开放和真诚的心态，又秉着理性的态度去面对辨喜、面对古老东方的智慧，这样才符合辨喜本人真正的精神。

四、何为瑜伽

可能有的读者会发现，前面说到的智瑜伽、王瑜伽、奉爱瑜伽、业瑜伽这四种瑜伽，与一般大家熟悉的瑜伽练习似乎不太一样，这是因为随着漫长历史过程中的不断演变，"瑜伽"这个概念逐渐有了极其复杂、丰富的含义。在译者看来，这些含义可以被简要梳理为如下五个方面。

（一）瑜伽的本意。从词源学上看，梵语中的"yoga"一词与英语中的"yoke"同源，字面意思是"轭"，表示调控、驾驭、连接、结合等意思，中国古代也译作"相应"。瑜伽的雏形可以追溯到公元前二三千年，在印度河流域出土的这一时期的石刻上，就有一些人物的姿态类似于静坐冥想，被认为有可能是当时的修行者。在吠陀的衍生文献奥义书中，已经明确出现了瑜伽的概念，如《伽陀奥义书》谈及"摆脱污垢和死亡""达到梵"的"完整的瑜伽法"，《白骡奥义书》提到通过收摄感官、控制呼吸来看清自我本质、看到梵的"禅瑜伽"，《弥勒奥义书》则讲述了达到与梵合一的方法是瑜伽六支，这同后来《瑜伽经》中瑜伽八支的后六支非常相似。[1] 这几部奥义书的产生年代约在公元前五六世纪至公元初，可以看出，这一时期的瑜伽主要包括两项内容：一是冥想，二是通向梵的修行方法。

1　参阅黄宝生《奥义书》导言第 12 页。

（二）作为精神方面练习的瑜伽。随着时间的发展，人们开始对瑜伽进行系统性的论述和阐发，此类著作的第一部代表性成果是帕坦伽利的《瑜伽经》，研究一般认为其成书年代在公元二世纪至五世纪之间。《瑜伽经》在理论上以数论哲学为基础，认为人生有很多烦恼和痛苦，因此需要修习冥想（dhyāna/meditation，中国古代译作"禅那"）和三摩地（samādhi，中国古代译作"定"或"三昧"，与"禅那"一起合称为"禅定"），最高目标是通过三摩地达到独存，也就是解脱（mokṣa）。在实践上，介绍了包括调息（prāṇāyāma，即控制呼吸）、选择特定的冥想对象等在内的修习方法，分类总结了不同状态的三摩地，还要求修习者遵守一定的伦理道德规范——所有这些方法被归结为"瑜伽八支"。帕坦伽利的瑜伽体系在后来被称作王瑜伽，指以调息、冥想等为具体方法，致力于心理和精神方面提升的瑜伽，这个意义上的瑜伽类似于汉语中的"禅修"。

（三）作为一个哲学流派的瑜伽。《瑜伽经》的哲学理论即瑜伽派的哲学，是印度正统六派哲学之一（六派哲学包括数论—瑜伽、正理—胜论、弥曼差—吠檀多，所谓"正统"即承认吠陀经典的权威性），它与哲学色彩更浓厚的数论派是成对的：数论派侧重哲学和理论，瑜伽派侧重具体的修行实践。但是，冥想等方法并不为瑜伽派所独有，而是在各个流派中被广泛接受，甚至非正统的佛教和耆那教也使用这样的修习方法，而《瑜伽经》中的一些内容也受到过佛教的影响，这说明瑜伽实践和瑜伽背后的理论是可以分开的，瑜伽练习并不必然与瑜伽派哲学结合在一起，其后来的发展也证明了这一点。

（四）作为修行途径的瑜伽。瑜伽的发展还有不同的路径，《摩诃婆罗多》的插话《薄伽梵歌》就代表了另一种对瑜伽的理解。《摩诃婆罗多》是印度两大史诗之一，成书于公元前四世纪至公元四世纪。《薄伽梵歌》虽只是其中很小的一部分，却以诗歌的形式生动精彩地讲述了宗教哲学方面的深刻道理，因而也被单独奉为一部经典，在印度家喻户晓。这部经典的核心思想就是业瑜伽、智瑜伽、奉爱瑜伽（黄宝生译本译为"信瑜伽"），分别指通过行动、通过知识和智慧、通过虔信和崇拜的方式，最终实现与梵合一、获得解脱。可以看出，这个意义上的瑜伽的含义较为宽泛，指的就是修行途径，以冥想为代表的"瑜伽"只是这些途径中的具体方法之一，而且并不是必须的。

（五）作为身体练习的瑜伽。到了近现代之后，瑜伽练习也变得更加多元化，并且进一步与人们在日常生活和身体健康方面的诉求相结合，这其实属于哈他瑜伽（haṭha yoga）。现在最常见到的瑜伽馆里的瑜伽，不管是较为传统的体系，还是阿斯汤加、艾扬格等诸多现代瑜伽派别，都是在哈他瑜伽的基础上发展出来的。"haṭha"的字面意思是"力"；也有解释说"ha"指太阳，"ṭha"指月亮。哈他瑜伽最早可追溯到十一世纪，主要经典包括成书于约十五世纪的《哈他之光》（*Haṭhapradipika*）等。传统的哈他瑜伽主要包括体式、清洁法、契合法、收束法等身体方面的练习，对调息的方法也有更多发展；而现代瑜伽基本以体式为主。《哈他之光》说，哈他瑜伽是攀登王瑜伽的阶梯，但也说哈他瑜伽与王瑜伽是相辅相成的，哈他瑜伽的练习要以王瑜伽为目的，其第四章《三摩地》的内容更是与冥想、修行直接相关。辨喜在提到哈他瑜伽时也说过，让物质身体变强壮固然很好，但灵性上的成长才是最重要的。总之，现代的瑜伽更多的是一种体育运动，既脱胎于原初意义上的瑜伽，又与之有不少区别，特别是在目的上有不一致之处。

通过上述梳理可以看出，在印度文明的悠久历史中，"瑜伽"始终是一条极为重要的脉络，结合了理论和实践，串联起对智慧、解脱、至高存在等最重要事物的追求。或许正因如此，深谙印度智慧之精髓的辨喜，才将四种瑜伽——《薄伽梵歌》中的业瑜伽、智瑜伽、奉爱瑜伽以及源自帕坦伽利体系的王瑜伽——作为自己思想的核心线索。这类似于上述第四个方面的含义，但赋予了瑜伽这一概念更为综合性的意义，指的是修炼身心、自我提升的途径。例如，辨喜在《一种普遍宗教的理想》[1]中概述了这四种瑜伽，并将瑜伽定义为"结合"（union）："对于行动者来说，这是人与整个人类的结合；对于神秘主义者来说，这是他较低级的自我和更高级的大我的结合；对于爱者来说，这是他自己和爱之神的结合；对于哲学家来说，这是一切存在的结合。这就是瑜伽的意思。"辨喜更是将瑜伽思想传播给世界的第一人。

在实践方面，辨喜教授过一些王瑜伽的具体练习方法，如调息、冥想等，但不涉及哈他瑜伽中关于身体的练习。虽然在辨喜

1　见本丛书卷一《古老智慧的现代实践——辨喜论吠檀多》。

之后，众多以体式为主的瑜伽风靡西方乃至世界，但这其实不符合他的本意。在理论方面，辨喜解释了冥想背后的原理，即《瑜伽经》的哲学，但他同时认为这是一种二元论哲学，而坚持一元论的吠檀多不二论才更为彻底、融贯，因此他的立足点还是同为印度正统六派哲学之一的吠檀多哲学，这也验证了我们此前所说的：作为练习方法的瑜伽是可以为不同哲学流派接受并与之融合的。

简而言之，从瑜伽的本意衍生出了不同的瑜伽概念，它们主要沿着两个方向发展：一个方向是改善身心的练习实践，在古代仅指以冥想为主的、精神方面的王瑜伽，在近现代则出现了以身体练习为主的哈他瑜伽和各式各样的现代瑜伽；另一个方向是作为修行途径的人生道路，即《薄伽梵歌》所说的三种瑜伽和辨喜所说的四种瑜伽。至于与王瑜伽相关的瑜伽派哲学，可以算作辨喜所说的智瑜伽的范畴，但智瑜伽也可以采取不同的哲学主张，例如，《薄伽梵歌》里的智瑜伽以数论和奥义书的哲学为背景，辨喜讲述的智瑜伽则建基于吠檀多哲学。

无论如何，各种不同的"瑜伽"汇聚成了一座巨大的宝库，这里既有丰富的思想资源，也有适合不同个体的修习方法。读者们在厘清瑜伽含义的基础上，可以根据自身的需求和喜好选择契合本人的道路和具体方法，实现自我的提升。

五、对翻译的说明

在本丛书的翻译过程中主要有两方面的困难。其一是关于引文。辨喜的演讲、著作等，基本是以英语为主体，其中也大量援引了吠陀、奥义书、《瑜伽经》、《薄伽梵歌》等印度经典文献，这些经典原本是以梵语写成，而辨喜在转述时通常将这些翻译为英语，所以有些部分会和梵语原文有所出入。对于这些引文，译者是从辨喜的英译再转义为汉语。如果能确定其来源的，译者都尽量在译注里给出了准确出处，感兴趣的读者可以以此为线索，进一步参阅从梵语直译过来的文本[1]；其余引文的出处只能付之阙如。为了更好地贴近西方听众，辨喜也时常引用《圣经》中的话，对于这些引文，本丛书则直接采用和合本《圣经》的汉译。

其二是关于术语。目前对印度尤其是瑜伽相关术语的汉译存在不少较为混乱的情况，有时同一个概念有多种译法，也有某些概念的汉译又有其他方面的意思。这个问题由来已久，中国古代就翻译过很多印度文献，当时的一些译法现在已经不好理解；现代以来不同的学界前辈对同一个词也有过不同的翻译；还有一些学界外的译者在选取语词时比较随意，没有考虑到已经有其他更

---

1 主要涉及以下从梵语翻译为汉语的印度经典文献，具体出版信息在正文译注中不再赘述：

巫白慧译解《〈梨俱吠陀〉神曲选》，商务印书馆 2010；

黄宝生译《奥义书》，商务印书馆 2012；

黄宝生译《瑜伽经》，商务印书馆 2016；

黄宝生译《薄伽梵歌》，商务印书馆 2010；

姚卫群编译《印度古代宗教哲学文献选编》，商务印书馆 2020。

好的译法存在。因此译者在翻译术语时尽可能采用目前通行的权威翻译，对一些瑜伽练习中常出现的术语则倾向于采用更为人所熟知的译法，力图做到既准确又易于理解。辨喜也曾将一些梵语概念译为英语，译者会参考他的英译，但还是会以已有的、直接的汉语翻译为准。在这里，译者先就一些较为重要的术语的翻译做出必要的说明。

首先是一些英语术语。

辨喜将最高级的存在者直接称为"God"或"Lord"，这里的首字母大写表示其崇高地位和唯一性，译者分别将其译作"神"和"万物之主"，但在某些涉及基督教的语境下会将"God"译为"上帝"。这种唯一的至高存在者与一般所说的"gods"不同："God"只有一个，"gods"却可以有很多；译者将后者译为"神祇"，以同"神"相区别。

使用首字母大写来表示尊敬的方法在西方语言中很常见，但在汉语中则不太好表现。辨喜另一处运用这种技巧的地方是在指称神时使用"He""Him""His"，对此译者将其译作具有独特含义的"祂""祂的"。

还有一些使用首字母大写以示尊崇的情况，如"Self""Soul""Seer"等词，表示人最高级的灵魂或世界的观察者，大致相当于梵语中的"ātman"。译者将这些英文单词分别译作"大我""大的灵魂""见者"，将"ātman"译作真我，以弱化其宗教色彩。

动词"realise"及其名词形式"realisation"（现在一般拼写

为"realize"和"realization")是辨喜的核心概念之一，译者将其统一译作"亲证"，但在某些较为日常的语境下也会译为更普通的意思"实现"或"意识到"。

"gross"和"fine"是一对经常被用到的概念，译者将其译作"粗大"和"精微"。

"reality"是一个在哲学中常见的术语，辨喜也是在较为哲学化的意义上使用该词的，因此译者遵循哲学中的通行译法将其译作"实在"。

"virtue"通常可以被直接译作"道德""美德"等，但同样为了照顾其较为哲学性的一面，译者将其译作"德性"。

辨喜用英文中的"work"来翻译梵语中的"karma"一词，后者就是佛教中所说的"业"（古代也音译为"羯磨"），因此译者也会尽量把用来表示"karma"的"work"翻译为业。但这无法适用于所有语境，因此有时译者也会将"work"译为"行动""工作""事业"等。此外，"karma"本身还有"仪式"的意思。

"mind"在哲学中通常被译为"心灵"，尽管它的含义和"心"（heart）并没有什么直接关系。辨喜用它来翻译梵语中的"manas"一词，译者还是遵循习惯将"mind"译作"心灵"，但在个别语境下也会译为"头脑"，此时它主要指的是神经中枢的总和或类似大脑的一种官能。而"manas"就不宜再被译作"心灵"了，它同时也是一个大乘佛教术语，被玄奘音译为"末那"，但译者最后还是决定采取意译，将其译为"意根"，以同佛教术语相区别。

"灵性"是辨喜使用的核心概念之一，它的形容词形式是"spiritual"，名词形式是"spirituality"。虽然在如今的灵修或宗教领域可以见到对这个词的大量使用，但其实很少有人可以准确澄清其含义。译者也无法在这里对其意思做出确切的概括，但可以看出，它显然属于和通常所说的物质、身体或感官相区别的另一个范畴，主要属于精神的领域。这就涉及另一个与之相近的概念"spirit"，但它并不是灵性的意思，译者将其译作"精神"，而在某些涉及基督教的语境中会译为"灵体"（"三位一体"中的"圣灵"概念即是"Holy Spirit"）。

辨喜反复宣扬的一个理念就是"一体性"，与之有关的是两个单词，即"One"和"Oneness"。译者有时会直接将前者译为"一"，将后者译为"一体性"，以示区别，可惜前者的译法可能有些不太符合汉语的使用习惯。

与一体性密切相关的一个观念是"显现"，被用来解释"一"如何成为"多"，其动词形式是"manifest"，名词形式是"manifestation"。

另一组需要说明的概念是动词"involve"及名词"involution"。辨喜对这个词的使用是比较独特的，因为"involve"的字面意思是"卷入""涉及"，"involution"则是如今很流行的"内卷"一词。但显然，辨喜把它们作为同一组概念使用，并与"evolve""evolution"（进化）相对。因此，译者将"involve"和"involution"统一译作"退化"，以契合辨喜的原意。

"intelligent"一词被译为"有智能的"，其名词形式

"intelligence" 被译作"智能"。但辨喜显然不是在简单的诸如"人工智能"这样的意义上使用这个词，而是将其视作一种比感知和思维更高级的官能，甚至直接说神是有智能的。希望大家在阅读时能理解他的独特用法。

"vibrate/vibration" 被辨喜用来翻译梵语中的"eja"（动词）/"ejati"（名词），但也被用来翻译"spandana"（名词），译者将其译为"振动"，但在某些语境下，如在谈及心念或湖水时，根据汉语习惯译为"波动"。

接下来谈梵语的概念。

首先需要说明的是"四瑜伽"的名字。如今对这四种瑜伽的翻译可谓花样繁多，译者最终还是采取了自己认为最为稳妥的译法，分别将其译为"智瑜伽""王瑜伽""奉爱瑜伽""业瑜伽"。其中最难把握的是"奉爱"（bhakti），因为这个词的含义的确很多，包括爱、奉献、虔信等，直接音译作"巴克提"也可以，但跟另外三种瑜伽的译法差异就太大了。最后之所以采用现在的译法，是因为辨喜在谈论这种瑜伽时更多提到的还是"爱"（love）。唯一的遗憾是这些瑜伽名称的字数并不相同，未能满足"强迫症"的需求，但这也是为了追求准确性而做出的必要牺牲。

"tat tvam asi"是奥义书中常见的一句话，在英语中通常被译作"Thou art That"，字面意思是"你是那个"。但为了体现其独特性，译者还是选用了更传统的译法"汝即那"。

"om"是印度传统中很重要的一个词，至今在瑜伽练习中仍经常出现，一般被念作"欧姆"的音，而在中国佛教中被音译为"唵"。在古汉语中"唵"字的发音应该是接近梵语的原本发音的，但后来汉语发生了演变，导致文字和语音对应不上。"唵"如今在字典上的注音是 ǎn，但在佛教语境下仍然要发类似"ou"的音。译者在这里直接保留了拉丁字母转写的"oṃ"。

随后需要解释的是一些和印度哲学有关的概念。

"奥义书"是吠陀的一部分，是一类文献。在作为文献类型被提及时，译者不将其加上书名号；而在具体指某一部奥义书时则加上书名号，如《大森林奥义书》。对具体每一部奥义书名称的翻译，译者以黄宝生先生翻译的《奥义书》为准。

"prāṇa"和"ākāśa"是数论哲学中一对基础性的概念，可以音译作"普拉纳"和"阿卡夏"。但前者在瑜伽练习中更常被译作"生命气"，这种译法也更贴近中国人通过"气"来理解世界的传统思维方式，因此译者采用了该译法。"ākāśa"被辨喜直接译作"ether"，也就是"以太"，不过这个概念后来被自然科学淘汰了。经过再三考虑后，译者还是决定将"ākāśa"译为"空元素"，表示一种被动的、类似物质的元素（与之相对，"生命气"是主动的），它即是印度传统中"地、水、火、风、空"五大元素中的"空"；但需要说明的是，它和大乘佛教中的"空""空性"等概念没有关系。

"buddhi"是数论中的另一个重要概念，通常被音译作"菩提"，或被意译作"觉"。但"菩提"一词的佛教色彩过于浓厚，为了避免混淆，译者还是采用了"觉"的译法。

目前国内对数论三种"性质"（guṇa）的翻译也有不少。译者采取了较为常见的译法，将其意译作"悦性"（sattva）、"激性"（rajas）和"惰性"（tamas）。其中的"悦性"一词在中国佛教中被音译作"萨埵"，和"buddhi"组合在一起形成"bodhisattva"，也就是"菩提萨埵"，我们熟悉的"菩萨"一词即是"菩提萨埵"的简称。

"citta"在印度哲学中是个很重要的概念，有些现代瑜伽教学体系将其翻译成"头脑"，这是不准确的。它可以被直接译为"心"，但"心"这个词的含义过于宽泛，容易引起误解。考虑到辨喜将其译作"mind-stuff"，译者便将其译为"心质"，因为严格来说它指的是"心"的材料而非"心"本身，是一种被动而非主动的东西。

"saccidānanda"这个概念出自奥义书，它由"sat"（存在）、"cit"（知识、意识）、"ānanda"（欢喜、幸福）三个词复合而来，因此译者将其译作"存在—知识—欢喜"。它是对最高级存在者的描述，被辨喜称为"独一无二的'一'的三个方面"和"心灵可以构想出来的关于神的最高级的观念"。

六、致谢与恳求

最后需要说明的是，译者自身能力有限，特别是缺乏梵语和印度学文献方面的科班基础，因而在涉及一些难题时，只能依靠相关的二手研究给出尽可能准确的翻译和注释（书中的注释除了标明"原编者注"的之外，均为译者所加），这也导致本丛书肯定还有很多不足之处。倘若再经过十年的学术积累，译者或许能更好地完成，但出于尽早介绍辨喜思想的紧迫感，还是促使译者最终决定在现有的水平上开展这项工作。

译者在相当大的程度上得益于中国印度学前辈们辛勤的拓荒工作，特别是金克木、巫白慧、季羡林、黄宝生等先生的巨大贡献。可以说，如果没有他们的研究与翻译作为指引，像我这样一个缺乏相关学术背景的人是不可能进行此项工作的。此外，译者还得到了多位学者和同学的帮助，可惜在此无法列出所有名字，只好一并向诸位表示衷心感谢。尤其感谢责任编辑小熊，她为此付出的心血丝毫不亚于我，这套丛书也可以说是我们共同努力的结晶。

同时也恳请大家对译文和注释中的错误或有争议之处提出宝贵意见，共同改善相关的翻译和研究工作，更好地推动思想的交流与传播。

译者导读

本卷出自《辨喜全集》第一卷中的《王瑜伽》《帕坦伽利的〈瑜伽经〉》以及第二卷中的部分章节。

我们在总序里已经梳理了"瑜伽"这一复杂概念的含义。本卷的主题王瑜伽属于一种重要的修行实践，包括通常所说的与呼吸、冥想有关的练习；既有各种具体的技巧和方法，也有深刻的理论基础，涉及对宇宙和人的基本认识。辨喜在《王瑜伽》一书中既全面地阐述了其理论基础，也详细地介绍了练习的具体方法。

《辨喜传》第八章"吠檀多在美国"（Vedanta in America）中有一段话可以很好地概括《王瑜伽》一书的主题和影响："大约在1895年6月的时候，辨喜完成了他的名著《王瑜伽》，这本书也引起了哈佛大学的哲学家威廉·詹姆士的注意，随后还燃起了托尔斯泰的热情。这本书含有对帕坦伽利《瑜伽经》的翻译，还有斯瓦米自己的解释，他所写的介绍性的章节尤其富于启发性。……这本书很好地实现了这样两个目标：首先，斯瓦米证明了宗教体验可以与科学真理处于同样的地位，它们都建立在实验、观察和确证的基础上；因此，真正的灵性体验不会因为缺乏理性证据而被教条式地摈弃。其次，斯瓦米清楚地解释了关于专注的各种规训，但他警告说，如果没有具备资质的老师的指导，大家不应该贸然追求这些。"

王瑜伽是一门科学——这是辨喜要阐述的一个核心理念。在该书的"导言"部分，他不遗余力地论证和阐发这一点。他认为，虽然宗教与科学在表面上非常不同，但"我们的所有知识都以经验为基础"，科学如此，宗教也不例外。这种经验指的并不是因人而异、千差万别的个人体验，而是能提供共同基础的、普遍的、直接的经验。这是什么意思呢？宗教的创立者依据的是自己亲身经验到的东西，他们都"看到了神，看到了自己的灵魂，看到了自己的未来和永恒，他们宣扬的就是自己看到的东西"，这就如同我们把大家共同看到的世界中的事实作为科学的基础一样。因此，宗教其实并不基于信仰和信念，而是基于我们的经验和感知。这样的经验和感知绝不应当是外部的、抽象的、道听途说的，而是我们应当去亲身体会的，王瑜伽"就是一门教导我们如何获得这样的感知的科学"，它包含了"获得这种真理的切实可行的、科学的方法"。

既然王瑜伽是科学，就必定符合科学的基本特征，像其他科学一样拥有自己独特的方法和对象。自然科学研究的对象通常是外部世界或我们身体中属于物质的部分，有一套完整且系统的研究方法。相比之下，王瑜伽的研究对象则是我们的心灵自身，使用的工具也是心灵自身，这就使得它与其他科学非常不同，我们首先必须拥有的是观察发生在我们之内的事实的能力。但遗憾的是，我们从童年时代开始就被更多地引导去关注外部事物而忽视了内部事物，因此需要在恰当的指导下逐渐练习和提升这种能力。这是非常难的，因为在这样的练习中"主体和对象是一体的……研究心灵自身就是让心灵研究心灵"。

那么，这其中是否有什么秘诀？秘诀就是"专注"（concentration），也就是让心灵把注意力指向自身。我们在行动和思考时，让"心灵的一部分站在一旁，看到你在思考的东西。心灵的这种力量应该被集中起来，然后转向自身"。专注不仅是王瑜伽的秘诀，也是自然科学的秘诀，只不过在自然科学中这种专注是指向外部的或物质的。"心灵的力量就像发散的光线一样，当它们被集中起来时就会更加明亮。这是我们获得知识的唯一手段。……人的心灵的力量是无限的。它越是专注，就可以在一个点上汇集越大的力量——这就是秘密。"

既然如此，为什么王瑜伽中包含了大量关于身体和呼吸的练习，它们有什么用处？因为身心是密不可分的，它们之间有着密切的相互作用："心灵不过是身体的一个更精微的部分，而且心灵会对身体产生作用，那么身体一定也会对心灵产生作用。""当身体被充分掌控时，我们就可以尝试操控心灵。"根据王瑜伽的观点，身体练习就是从对较为粗大部分的掌控入手，经过呼吸，逐渐进入到对更为精微的部分——也就是我们的心灵——的掌控："瑜伽士应该达到一种精微的感知状态，在其中，他可以感知到所有不同的精神状态。"

正是在这种意义上，王瑜伽与科学是殊途同归的，"因为在自然中并不存在着内部、外部这样的划分。……物理学家在把自己的知识推到极限时会发现，它已经与形而上学融为一体；形而上学家也会发现，自己所说的心灵与物质不过是表面上的区分，而实在只是一。"只不过，王瑜伽的对象不是可朽的物质，而是永恒之物："在分析自己的心灵时，人们面对着的是永远不会毁灭的东西，这种东西就其本性而言是永远纯洁和完美的，此时人们不会再有痛苦和不幸。"

如此看来，与通常的印象不同，虽然包含一些尚未被清楚知道的部分，但王瑜伽丝毫不神秘。辨喜明确提出："在瑜伽体系中，任何秘密和神秘的东西都应该立即被拒斥。"此外，我们一定要自己去发现真理，而不能事先盲目地接受任何信条："在学习王瑜伽时，任何信仰或信念都不是必须的。除非是自己的发现，否则不要相信任何东西——这就是它的教导。"

在《王瑜伽》的其余部分，辨喜详细介绍了王瑜伽的理论基础、具体原则、练习阶段等。

在印度正统六派哲学中，数论—瑜伽是一对（其余四派为正理—胜论、弥曼差—吠檀多，也是两两为一对），王瑜伽的理论基础是数论哲学，后者提供了关于世界生成和感知的理论，王瑜伽的修行正是沿着这套理论模型展开的。

在《最初的步骤》中，辨喜介绍了王瑜伽的八个分支：持戒（yama）、内制（niyama）、坐姿（āsana）、调息（prāṇāyāma）、制感（pratyāhāra）、专注（dhāraṇā/ concentration）、冥想（dhyāna/

meditation）、三摩地（samādhi）。此外还包括练习的时间和方法等具体事项，为进行练习做了基础性的知识准备。

在《生命气》一节，辨喜介绍了与王瑜伽密切相关的空元素（ākāśa）和生命气（prāṇa）的概念。根据数论哲学，构成宇宙的材料是空元素，而塑造空元素的力量则是生命气。印度人认为宇宙在不断生成和毁灭，"在一次循环的开端和终点，一切都变成空元素，而宇宙中所有的力量都分解为生命气；在下一次循环中，一切被称为能量和力的东西都从这种生命气演化而来"，"从思想到最低级的力，一切都不过是生命气的显现。宇宙中的所有力……的总和在分解为原初状态时，就被称为生命气"。这种关于空元素和生命气的理论构成了王瑜伽的一个核心环节——调息——的理论基础。

调息也被称作"呼吸控制法"，是瑜伽练习中的一种独特方法，通常被认为是关于呼吸的练习。但辨喜澄清了这种误解："调息并不像很多人认为的那样是某种关于呼吸的东西，其实，它与呼吸并没有什么密切的联系。呼吸只是我们达到真正调息的众多练习之一。"调息真正的核心观念是掌控生命气。

既然如此，为什么这种练习往往通过控制呼吸的方式来进行呢？这是因为"生命气在人体内最明显的显现就是肺部的活动"，"调息的真正意思就是控制肺部的活动，而这种活动是与呼吸有关的。并不是呼吸制造了这种活动，而是这种活动制造了呼吸"。可见，对呼吸的调控不是为了掌控呼吸本身，而是为了掌控在它背后起作用的、更精微的生命气。这种掌控最终可以延伸为对身体各个部分的掌控："肌肉力量通过神经被传递到肌肉，再通过肌肉被传递到肺部，以某种方式推动肺部活动，这种力量就是生命气，是我们在调息练习中必须掌控的东西。当生命气受到控制时，我们就会立即发现，生命气在身体内的所有其他活动也都缓慢地得到控制。"

在《灵力生命气》《对灵力生命气的控制》两节中，辨喜介绍了与王瑜伽有关的、印度传统对人体生理机制的解释，涉及左脉（iḍā）、右脉（piṅgala）、中脉（suṣumṇā）、昆达里尼（kuṇḍalinī）、屏息（kumbhaka）、脉轮（cakra）等概念。这种对人体的独特解释与中国传统的观念多有异曲同工之处。辨喜尽可能对之给出符合科学的解释，并借此来进一步解释调息："调息的目的就是唤起海底轮中盘绕着的力量，也就是昆达里尼。"调息虽然较为精微，但仍然属于外部的练习，从制感开始，王瑜伽练习才真正进入内部练习的范围。

汉语中有个成语叫"心猿意马"，比喻人心如猴子和马一样难以控制，这也完全符合古代印度对心灵的看法。整个王瑜伽练习从根本上说就是要掌控我们的心灵，让它平静下来并变得专注。所谓制感指的就是"控制住心灵向外的力量，让它从感官的奴役下解脱出来"。在此基础上更进一步的练习就是专注，让心灵集中在某些特定的点上，也就是"迫使心灵去感受身体的某些部分而排斥其他部分"。从专注开始，王瑜伽就真正进入了最精微的部分，而专注、冥想、三摩地这三个分支也被合称为"总御"（saṃyama，也音译作"三夜摩"）。

提到"冥想"或"三摩地"，大家可能会把它们与各种神秘的东西乃至神通关联起来，以为这是某种玄妙或超自然的状态。但不要忘了辨喜的核心理念——"王瑜伽是科学"。既然如此，冥想与三摩地就一定能得到符合科学的、可理解的解释，它们中神秘甚至迷信的色彩一定可以被清除。

辨喜对古代印度的感知理论做出了充满现代和理性色彩的阐释，在此基础上为冥想和三摩地提供了相对清晰的定义。关于冥想，他的概括是："当心灵经过训练能保持固定在一个特定的内部或外部的位置上时，在不断涌向那个点的神经流中就会有流动的力量出现。这种状态被称作冥想。"而关于三摩地，他的概括是："一个人可以增强冥想的力量，使得自己能够拒斥感知的外在部分而只冥想其内在部分，这样的状态就是三摩地。"这背后的基本原理在于，在我们通常的意识层面之上，还有一个心灵可以运作的更高级的层面。现代心理学已经揭示了在我们的意识层面之下还有一个潜意识的层面，而王瑜伽则揭示了一个位于意识之上的层面；我们平常看不到潜意识中的东西，同样也看不到这种"超意识"中的东西。当心灵超越了意识层面、来到更高级的地方时，其实就达到了三摩地。

在最后一节《王瑜伽概要》中，辨喜对从制感到三摩地的部分做了系统、清晰且简洁的概括："将诸根置于意志的控制之下，就是制感。把心灵固定在心中的莲花或头部的正中心，就是专注。收摄在一个点上，把那个点作为基础，一种特殊的精神波动就会出现。……接下来，这些波动的多样性让位于统一性，心灵中只剩下唯一的波动，这就是冥想。当不再需要任何基础时，当整个心灵都变成那唯一的波动、变得浑然一体时，就达到了三摩地。来自各处的帮助都消失了，只有思想的意义还存在。如果心灵能被固定在一个中心上十二秒，就是一次专注；十二次专注就是一次冥想；而十二次冥想就是一次三摩地。"

我们或许看到过各种关于冥想与三摩地的解释，但在译者看来，辨喜的解释的确是非常清晰和契合现代科学的。"神秘"只是个中性词，并不是越神秘的东西就越高级，重要的是在神秘的面纱之后，被遮盖的东西究竟是什么。很多神秘的解释只是为了掩盖一个其实并没有太多价值的内核，辨喜则为我们揭开了遮盖在一颗宝珠上的神秘面纱，用精美的理性、科学之盒把宝珠重新装起来呈现给我们，这正是他所做的阐释的巨大价值所在。

辨喜还明确提出，判断一个人是否达到三摩地的标准不在于任何玄妙体验，而在于他从这种状态中出来后的言行："人们从一种状态中出来后，与进入那种状态前别无二致；而从另一种状态中出来后，则会获得启示，成为智者、先知、圣徒，整个性格、生命都改变了，充满了光明。这是两种不同的结果。"可见，看似神秘的王瑜伽练习，其最终的落脚点和检验标准还是在我们实实在在的生命中，在我们的一言一行中。一位真正合格的王瑜伽士一定具备看得见摸得着的高贵品质，他的言行也应符合真理。

当然，在具体的解释中，辨喜的一些说法看上去仍有较为夸张的成分，这也是印度思想一贯的传统。随着自然科学的进步，辨喜的有些具体阐释在如今看来也并不完全合适，比如他用"以太"来解释空元素，而"以太"的概念在后来的科学发展中已经被抛弃。这大概就是所谓的"时代的局限性"，对此我们不能苛求生活在一百多年前的辨喜，而是应当坚持理性、科学的态度。

本卷的另一大部分内容是辨喜对瑜伽派最重要的经典《瑜伽经》所做的翻译和解释。

首先需要说明"经"是什么。印度自古以来就有着口耳相传的传统，也就是通过当面教授和背诵的方式传授经典。这既是由于缺乏记录文字的载体，也是为了防止经典在变成文字后随意被人学习和篡改。这的确是一种与中国非常不同的传统，也让我们惊叹于传承经典之人的记忆力，其实很多文明的早期文献，如印度的吠陀和史诗、古希腊的荷马史诗等都是这样传承下来的。不过，背诵大量经典毕竟不是一件容易的事情，所以人们往往将其编成韵文的形式，并尽量让语句简练，以方便背诵。但也正是由于这一点，很多经文的字面意思会因为过于简洁而很难被理解。

这就涉及印度的另一项传统，即印度的思想家很少直接把自己的思想表达出来，而是通过注释经文的方法阐发自己的理论。这样的传统在中国同样存在，比如有所谓"六经注我"之说，只不过还是不如印度那么典型。但由于原本的文字过于简洁、每个人的想法又各有不同，最终的阐述可能大相径庭。

这种简短的散文体的经就是狭义上的"经"，在印度名为"sūtra"，也译作"修多罗"或"契经"，原意是线或者类似线的东西，象征着将最重要的内容串起来。相比之下，我们通常更为熟悉的佛教经文则非常特别。原始佛教的经典最初也是靠口耳相传的，但其内容十分丰富，详细记录了佛陀的言行和僧团中的情况，由专门的背诵僧背诵，每人负责一部分，集合在一起，后来成为卷帙浩繁的巴利三藏。这样的方式在印度其实是较为罕见的，佛经中的绝大部分原本也并不称为"sūtra"，只是在翻译成汉语时，很多都被冠以"某某经"的名称，因此可以算作广义上的"经"。[1]

《瑜伽经》（*Yogasūtra*）正是一部狭义上的"经"，它的经文非常简洁，单看文字可能很难明白其含义。《瑜伽经》注释者众多，现在通行的是最早、也是最权威的毗耶娑（Vyāsa）的注解。《瑜伽经》相传为帕坦伽利（Patañjali，也译作"钵颠阇利"）所作，但和印度其他经典一样，很可能不是由一个人完成的，而是经历了漫长的演变发展过程。据推断，其成书约在公元二世纪到五世纪，其中一些部分可能受到了佛教的较大影响。关于文本方面的进一步情况，读者们可以参阅黄宝生译《瑜伽经》的导言部分。译者在此所做的简要介绍是希望帮助大家理解传统经典形成的基本情况，以及阐释经典的丰富的可能性，以保持理性、批判的眼光，避免对经典产生盲从甚至迷信的态度。

辨喜在《帕坦伽利的〈瑜伽经〉》中对经文做出了自己的翻译，还对其中有成分缺失的句子做了补充，或对一些意思做了提示，这些增补的部分在《辨喜全集》的原文中是用圆括号标注的，

1　以上内容可参阅 [日] 水野弘元《经典成立史》（华东师范大学出版社 2018）。

但因为本书需要用圆括号标注梵语或英语的原文，只好改用方括号标注了。

辨喜还在经文后做出了注解，以传统的方式阐释其含义。但其独特之处在于：首先，他本人拥有一套关于吠檀多和四瑜伽的思想体系，并在"导论"部分对此加以说明，然后通过这套体系来阐释《瑜伽经》，这些阐释也完全契合他在《王瑜伽》一书中的观点；其次，他努力让自己的解释尽可能符合自然科学的原理和哲学研究的成果，并使用了诸如康德哲学等理论来说明一些关键问题，让这部古老的经典焕发了新的活力。

《瑜伽经》共包含四章，辨喜将这四章的主题分别概括为"专注：在灵性上的运用""专注：实践""力量""独存"。"专注"是辨喜用来阐释王瑜伽的一个核心概念，"独存"则是王瑜伽修行的目标，即原人摆脱束缚独自存在。关于具体的解释，请读者直接阅读辨喜的翻译和阐释为好，译者在此不做赘述，只是先指出一些需要留心的要点。

《瑜伽经》的原文有很多晦涩、混乱甚至自相矛盾之处。这首先是由于它成书过程漫长、经文过于简洁，同一个概念在不同地方的字面意思不一致，或是语言晦涩难懂。比如很多学者认为《瑜伽经》第四章的成书明显晚于前三章，其主题和一些具体说法都与前三章不同，这就使得我们很难对全部四章做出一以贯之的理解。但更重要的是，冥想、三摩地和独存等问题距离经验较远，甚至超越经验，对它们的理解和说明本就十分困难；而且与更接近哲学的智瑜伽相比，王瑜伽本身就并不看重思辨和说理，以至于隐藏在其论述之下的逻辑线索更令人费解。比如《瑜伽经》总共提到过"有智、无智三摩地""有思考、无思考三摩地""有观察、无观察三摩地""有种子、无种子三摩地"这样四组概念，其相互之间的关系就不甚明了。相比之下，哲学色彩更浓的数论派经典《数论颂》(*Sāṃkhyakārikā*)就要清晰得多。应当说，辨喜的解释是基本融贯的，也尽可能契合了经文的原意，但我们很难说这解决了《瑜伽经》中所有潜在的困难。读者在阅读中如果遇到实在困惑的地方，请不要轻易怀疑自己的能力，因为也可能是这部经典自身的问题。

本卷收录的最后两篇演讲《实际灵性的迹象》和《心灵的力量》出自《辨喜全集》第二卷，在其中，辨喜分别介绍了瑜伽的基本情况及其发展历史，列举了一些与此有关的所谓"超自然"现象，尽量给出符合理性和科学的解释，贯彻了王瑜伽是科学的原则。

最后，译者想要提醒大家注意一些和王瑜伽有关的要点。

首先，王瑜伽的关键在于实践，仅仅停留在理论、书本和文字上就不是王瑜伽了——辨喜也多次强调过这一点。如果阅读本书只是给读者们带来一些理智上的洞见，那就并没有实现本书的目标，也偏离了辨喜的本意。希望大家能把瑜伽的古老经典与日常生活结合起来，逐步改善自己的身心状况。在这点上，现代瑜伽其实是王瑜伽的进一步延伸，特别是在体式等方面有着蓬勃的发展势头，大家可以选取适合自己的方式走上实践之路。当然，如果认为王瑜伽"包治百病"，那就落入了另一种荒谬的极端。如辨喜所说，这是一门科学，因此也就有着自己的适用范围，如调节身体、改善呼吸、锻炼感知能力、提升专注度等。但如果涉及身体、心理方面的疾病，或是有什么生活中的实际困难，还是应该对症下药、具体问题具体分析，不能以为练习瑜伽就能解决身体、心理乃至生活、生命的所有问题。

其次，王瑜伽的练习必须在具备资质的老师的指导下进行，读者千万不能以为自己看了书或通过网络查了些资料就可以开始练习。有的体式本就有一定的危险性，没有老师辅助的话可能会受伤；而调息中的屏息更是不能直接练习，必须是有长期的调息练习经验后，在老师的指导下才能尝试。在选择老师时，希望大家能遵循辨喜一贯提倡的原则，始终保持理性的态度。除了起码的资质外，还要以审慎的态度对待老师的言行，反思其是否符合理性和常识。不能因为某个人很有名望或地位就以为对方是"上师"（guru），也不能对任何人抱着依赖的心态。任何时代从不乏招摇撞骗之徒，如今自然也不例外，希望大家一定要明辨是非。辨喜在《奉爱瑜伽》第五章中总结了老师应当具备的三种资质：一是知道经典的真正精神，而非只是字面上的知识；二是始终保持心灵和灵魂的纯洁；三是不能出于任何像金钱、名声或名望这样自私的动机去教授，而只能出于对人类的纯洁的爱。

更重要的是，四瑜伽是一个整体，必须在综合平衡中稳步实践。译者在卷二《智慧可以带我们到哪里——辨喜论智瑜伽》的

"译者导读"中写过，智瑜伽在四瑜伽中应当居于核心地位，因为一切都离不开智慧的明辨，否则就容易落入迷信、盲从。片面强调任何一种瑜伽，都可能会造成内在发展的不平衡，王瑜伽也是如此。比如不恰当的练习可能造成行动意愿的缺乏，过分强调放松、专注，可能会压制推动人行动的激性（rajas）。而且，冥想本身也有恰当和不恰当之分，不恰当的冥想可能会对思维能力、记忆力和身心健康等带来不利影响。希望大家在学习王瑜伽的理论和将其贯彻于实践的同时，也能同时遵循智瑜伽、奉爱瑜伽和业瑜伽的基本原则。总之，只有把四种瑜伽的秘密都洞悉透彻，才能真正汲取它们的精华，避免各种潜在的问题。

王瑜伽

第一章
导　言

　　我们的所有知识都以经验为基础。从较少的一般性到较多的一般性，或者从一般到特殊的所谓推理知识，也都以经验为基础。在精确科学中，人们很容易发现真理，因为它诉诸每个人的特殊经验。科学家不会让你去信仰任何东西，但他拥有一些从自身经验得到的结果，并在这些结果的基础上进行推理，而当他要求我们相信他的结论时，他就会诉诸人类的某种普遍的经验。在每一门精确的科学中，都存在着对于全人类而言的共同的基础，这样我们能够立即看出由此得出的结论的对错。现在的问题是：宗教有这样的基础吗？我将从肯定和否定这两个方面做出回答。

　　在世界各地被传播时，宗教常被说成是基于信仰和信念的，在大多数情况下，宗教只是由不同的几组理论构成，这些理论又是基于信念的，这就是为什么我们发现所有宗教都在互相争执。

有人说，存在着一个伟大的存在者，祂[1]坐在云端，支配着整个宇宙，而这样说的人要求我仅仅由于他断言的权威性就相信这些。同样，我可能有自己的观念，而我也要求别人相信它们，可当别人要我给出理由时，我却什么也说不出来。这就是为什么宗教和形而上学在如今的名声很不好。每个受过教育的人似乎都会说："看啊，这些宗教不过是一些理论的集合，连评判它们的标准都不存在，每个人都在宣扬自己钟爱的观念。"不过，在宗教中还是存在着普遍信念的基础，支配着不同国家中不同教派的各种理论、观念。深入这样的基础就会发现，这些理论、观念都基于普遍的经验。

首先，如果分析世上所有的宗教，你会发现它们可以被分为两类：一类是有经典的，一类是没有经典的。拥有经典的宗教是最强大的，而且拥有最多的追随者。没有经典的宗教几乎都消失了，而一些新生宗教的追随者也很少。但在所有宗教中我们发现了一种共识：它们教导的真理，都是某些特定的人的经验的结果。基督教徒要你信仰他们的宗教，要相信基督，相信基督是神的化身，相信一位神、一个灵魂，相信那个灵魂拥有更好的状态。如果我要求基督教徒给出理由，他们会说自己就是相信这些。可如果你去看看基督教的源头就会发现，它其实是基于经验的。基督说他见到了神，使徒们说自己感到了神，如此等等。同样，佛教的基础也是佛陀的经验。他体验到某些真理、看到它们、与它们相连接，然后向世界宣扬它们。印度教徒也是如此。他们经典

1　这里的"祂"表示对神等高级存在的尊称，在英文原文里是首字母大写的"It""He"等代词。

的作者被称作仙人（ṛṣi）或智者（sage），这些作者宣称自己体验到某些真理并宣扬它们。可以清楚地看到，我们一切知识的普遍、坚实的基础是直接经验（direct experience），这也是世上所有宗教的基础。老师们都看到了神，看到了自己的灵魂，看到了自己的未来和永恒，他们宣扬的就是自己看到的东西。唯一的区别是，在绝大多数宗教中，尤其是在现代，人们提出了一条奇特的主张：这些经验在当下是不可能的；它们只对少数人来说才是可能的，而这些人就是后来以他们的名字命名的宗教的创始人。如今这些经验已经变得过时了，因此，我们现在只能把宗教放置在信仰的基础上。我完全否认这样的看法。如果在世上任何特定的知识领域内曾经存在过一种经验，那么这必定意味着，这种经验不仅曾经有无数次是可能的，而且永远可以被重现。齐一性（uniformity）——曾经发生过的事情总是还会发生——是严格的自然法则。

因此，瑜伽科学的老师宣称，宗教并不只是基于古代的经验，并且，除非一个人自己拥有同样的感知，否则他就不可能是虔诚的。瑜伽就是一门教导我们如何获得这样的感知的科学。在人们感觉到宗教之前去谈论宗教，这并没有多大用处。为什么会有如此多以神的名义进行的骚乱、争斗和争执？以神的名义发生的流血事件比任何出于其他理由的流血事件都要多，因为人们从未到达过宗教的源头，只满足于对祖先习俗的心智上的认同，并希望别人也都这样做。如果一个人没有感觉到自己有灵魂，他有什么权利说自己有灵魂？如果一个人没有见过神，他有什么权利说神存在？如果有一个神存在，我们一定要看到祂；如果有一个灵魂存在，我们一定要感知到它；否则最好是不要相信这些。做一个坦率的无神论者也比做一个伪君子要好。一方面，"博学之人"所秉持的现代观念是：宗教、形而上学和一切对至高无上的存在的追寻都是徒劳的。另一方面，在一知半解的人看来，这些观念似乎是缺乏基础的，它们的价值仅仅在于能够为善行提供强大的推动力。如果人们相信一位神，就会变得善良、有道德，会成为好公民。我们不能因为他们拥有这样的观念而谴责他们，毕竟，这些人得到的教导不过就是去相信一些永恒的佶屈聱牙的话语，可这些话语背后却没有任何实质。他们被要求靠这些话语为生，这能做到吗？如果可以的话，我就不应该再对人类的本性抱有一丁点尊重。人们想获得真理，想亲自经验真理。吠陀[1]宣称，只有当有人把握到真理、亲证真理、在内心深处感受到真理时，所有疑虑才会消失，所有黑暗才会被驱散，所有弯路才会变成通途。"你们是不朽之子，甚至是生活在最高级领域的人，找到你们的道路；有一条走出所有黑暗的道路，那就是感知到超越了所有黑暗的祂。别无他途。"

王瑜伽（rāja yoga）科学把获得这种真理的切实可行的、科

1　吠陀（veda）是婆罗门教和印度教最古老、最根本的经典。狭义的吠陀仅指四部吠陀本集（samhitā），即《梨俱吠陀》《娑摩吠陀》《夜柔吠陀》和《阿闼婆吠陀》，其中《梨俱吠陀》又是时间上最早的。广义的吠陀除了四部吠陀本集，还包括梵书（brāhmaṇa）、森林书（āraṇyaka）和奥义书（upaniṣad）等衍生文献。吠陀本集的内容主要是颂赞和祷词，森林书的主题是各种仪式和祭祀，梵书是对这些仪式的注解，奥义书则更多地涉及哲学。在本丛书中，当不加书名号时，表示不特指某一部吠陀文献；而加书名号时，则指的是某一部具体的本集、梵书或奥义书。

学的方法摆在人类面前。首先，每门科学一定都有自己的研究方法。如果你想成为一名天文学家，却坐下来哭喊道"天文学！天文学！"，你的梦想就绝不会实现。化学也是如此。必须遵循特定的方法。你必须去实验室，取出不同的物质，把它们混合在一起进行实验，然后从中得到关于化学的知识。如果想成为天文学家，你就必须去天文台，拿起一架望远镜，研究恒星和行星，然后才能梦想成真。每门科学都一定有自己的方法。我可以向你们进行数千次布道，但这些布道并不会让你们变得虔信，除非你们去实践布道中讲述的方法。所有国家、所有时代的所有纯洁无私的人都是如此，他们没有动机，只是对世界行善。他们都宣称自己发现了比感官所能把握到的东西更高的真理，并请大家验证。他们让我们真诚地采用他们的方法并加以实践，如果我们没有发现这种更高的真理，就有权否定他们的断言。但在此之前，否认他们主张的真理性是不理智的。我们必须忠实地按照他们给出的方法行动，然后光明就会到来。

在获取知识时，我们会使用概括（generalisation），而概括是基于观察的。我们首先观察事实，然后进行概括，接着再得出结论或原则。除非我们首先拥有了观察发生在我们之内的事实的能力，否则永远无法获得关于心灵、人的内在本性和思想的知识。相比之下，观察外部世界中的事实是比较容易的，为此也已经发明了很多工具，但在内部世界，并没有这样能帮助我们的工具。但我们知道，为了实现一门真正的科学，我们必须进行观察。如果没有恰当的分析，任何科学都是毫无希望的，不过只是理论而已。这就是为什么心理学家们从一开始就争论不休，只有极少数找到观察手段的人不会陷入这些争论。

首先，王瑜伽科学提供给我们一种观察内部状态的方法，相应的工具就是心灵自身。如果得到恰当的引导，注意力就可以被指向内部世界，能够分析心灵，并为我们照亮那里发生的事情。心灵的力量就像发散的光线一样，当它们被集中起来时就会更加明亮。这是我们获得知识的唯一手段。每个人都在外部和内部世界使用这种方法。科学工作者把这样的细致观察指向外部世界，但对心理学家[1]来说，这样的观察必须被指向内部世界，这需要大量的实践练习。从童年时代开始我们就被教导只去关注外部事物，而从不去关注内部事物，由此我们中的大多数人已经几乎失去了观察内部机制的能力。把心灵转向内部，不让它向外发散，然后集中它所有的力量投放到心灵自身之上，以让它知道自己的本性并分析自身，这是很艰难的任务。但对这个领域来说，这是走上科学之路的唯一途径。

这种知识有什么用呢？首先，知识自身就是知识的最高奖励；其次，它也包含着实用性。它会清除我们所有的苦难。在分析自己的心灵时，人们面对着的是永远不会毁灭的东西，这种东西就其本性而言是永远纯洁和完美的，此时人们不会再有痛苦和不幸。所有痛苦都来自恐惧或未被满足的欲望。当人们发现自己绝不会死亡，就不会再对死亡感到恐惧。当人们知道自己是完美

---

1 这里指的是研究和实践王瑜伽的人。

8

的，就不会再有虚空的欲望。当这两种原因都消失了，就不会再有痛苦——即使在这具身体内，也只会有完全的欢喜。

只有一种获得上述知识的方法：专注（concentration）。化学家在实验室里把自己心灵的所有能量专注在一个焦点上，投放到正在分析的材料上，然后发现其中的秘密。天文学家让自己心灵的所有能量变得专注，通过天文望远镜投放到天空中，于是星星、太阳和月亮就会吐露自己的秘密。我越是把自己的思想专注在与你们谈论的话题上，就越能给你们启发。在听我说话时，你们越让自己的思想专注，就越能清晰地把握到我的意思。

除了通过心灵力量的专注，难道还有其他方法获取知识吗？只要我们知道如何敲门、如何给出必要的击打，世界就会吐露自己的秘密。击打的力量来自这种专注。人的心灵的力量是无限的。它越是专注，就可以在一个点上汇集越大的力量——这就是秘密。

让心灵专注于外部事物是很容易的，因为心灵自然地向外发散。但在宗教、心理学或形而上学领域则不是这样，因为此时主体和对象是一体的。对象是内部的，心灵自身就是对象，而研究心灵自身就是让心灵研究心灵。我们知道有一种心灵的力量就叫作反思。我在跟你们说话。与此同时我又像另一个人一样站在一旁，知道并听到自己在说话。你们同时在工作和思考，而你们心灵的一部分站在一旁，看到你在思考的东西。心灵的这种力量应该被集中[1]起来，然后转向自身，正如最黑暗的地方也会在阳

1　这里的"集中"（concentrate）和"专注"原文是同一个词，译者视语境不同分别译为其中之一。

光的照射下显露自己的秘密，专注的心灵也会看透自己最内在的秘密。这样我们就到达了信仰的基础，也就是真正的宗教。我们会亲自感知到自己是否拥有灵魂、生命究竟是只有五分钟还是永恒的、宇宙中有一位神还是有更多的神。这些秘密都会向我们敞开。这就是王瑜伽要教导的东西。它所有教导的目的就是如何让心灵专注，如何发掘我们心灵最深处的秘密，如何概括心灵的内容并从中得出我们自己的结论。因此，它永远不会问我们的宗教是什么，不会问我们是自然神论者还是无神论者，不会问我们是基督教徒、犹太教徒还是佛教徒。我们是人类，这就足够了。每个人都有探求宗教的权利和力量。每个人都有权利去追问理由或原因，而且只要不怕麻烦，就都能解答自己提出的问题。

到目前为止我们看到，在学习王瑜伽时，任何信仰或信念都不是必须的。除非是自己的发现，否则不要相信任何东西——这就是它的教导。真理并不需要一根支柱来支撑自己。你们难道认为，我们处于清醒状态这样的事实，需要任何梦境或想象来加以证实吗？当然不需要。对王瑜伽的学习会花费很长时间，需要持之以恒的练习。这些练习中有一部分是身体上的，但更主要的是精神上的。随着推进，我们会发现心灵与身体的关联是多么紧密。如果认为心灵不过是身体的一个更精微的部分，而且心灵会对身体产生作用，那么身体一定也会对心灵产生作用。如果身体生病了，心灵也会生病。如果身体是健康的，心灵也会保持健康和强壮。当一个人生气时，心灵会受到扰乱。同样，当心灵受到扰乱时，身体也会受到扰乱。对大多数人来说，心灵在很大程度上处于身体的控制下，而他们的心灵几乎没有得到什么发展。绝大多数人几乎没有与动物拉开什么距离。不仅如此，在很多情形下，他们自身的控制力比低等级的动物高不到哪里去。我们对自己心灵的掌控非常少。因此，为了能够控制身体和心灵，我们必须寻求一些物理上的帮助。当身体被充分掌控时，我们就可以尝试操控心灵。通过操控心灵，我们就能够把心灵置于自己的支配下，让它如我们所愿地去工作，迫使它按照我们的愿望集中自己的力量。

在王瑜伽士（rāja yogi）看来，外部世界只是内部世界或精致世界的粗大形式。更精微的东西是原因，更粗大的东西则是结果。所以，外部世界是结果，而内部世界是原因。同样，外部的力不过是较粗大的部分，而内部的力则是较精微的部分。发现并学会了如何操控内部力量的人，会让整个自然都处于自己的支配下。瑜伽士给自己设定的任务不亚于掌控整个宇宙、整个自然。他想达到这样的状态：我们所说的"自然法则"对他不再有任何影响，他能够超越所有"自然法则"。他会成为整个自然——无论内部的自然还是外部的自然——的主人。人类的进步与文明不过就意味着掌控自然。

不同种族控制自然的进程也不相同。在同一个社会中，有些人想控制外部的自然，另一些人则想控制内部的自然。同样，有些种族想控制外部的自然，另一些种族则想控制内部的自然。一些人说，通过控制内部的自然，我们可以控制一切。另一些人说，通过控制外部的自然，我们可以控制一切。如果把这两种主张推到极致，它们就都是正确的，因为在自然中并不存在内部、外部这样的划分。这些是从不存在的虚构的限定。当外部主义者和内部主义者达到各自知识的极限时，注定会殊途同归。物理学家在把自己的知识推到极限时会发现，它已经与形而上学融为一体；形而上学家也会发现，自己所说的心灵与物质不过是表面上的区分，而实在只是一（One）。

所有科学的终点和目标都是找到那个统一体、那个一，多样性从中产生出来，而那个一也就作为多而存在。王瑜伽建议我们从内部世界开始，首先研究内部自然，由此再掌控整个自然——无论是内部的还是外部的。这是一种非常古老的尝试。印度曾经是这种尝试的大本营，但其他国家也有。在西方国家，它被视为神秘主义，而想要实践它的人则被烧死或当作女巫、巫师杀掉。在印度，由于各种原因，它落入一些人手中，这些人摧毁了百分之九十的知识，还试图把其余的部分作为巨大的秘密保守起来。在现代，西方出现的很多所谓的老师比印度的老师还要糟糕，因为后者多少还知道些什么，而那些现代的行家里手则一无所知。

在瑜伽体系中，任何秘密和神秘的东西都应该立即被拒斥。生命中最好的引导就是力量。在宗教中，正如在其他所有领域中一样，要抛弃任何使你变得软弱的东西，不要与这些东西有什么纠葛。贩卖神秘主义只会削弱人的大脑。这几乎毁掉了瑜伽——一门最了不起的科学。从四千多年前被发现的那一刻起，瑜伽就在印度得到了完美的描述、表达和宣讲。可一个惊人的事实是，越是现代的解释者就会犯下越大的错误，而越是古老的作者反而越是有理智。大多数现代作者都在谈论各种神秘之物。因此，瑜伽落入了少数人手中，他们让它变成了一种秘密，而不是让太阳和理性的光芒完全照射在它之上。他们这样做是为了让自己占据这些力量。

首先，我教的东西中没有任何秘密。我会把所知的任何东西毫无保留地告诉你们。我能推理出来的一切都会告诉你们，至于不知道的东西，我就只能告诉你们书上是怎么说的。盲目地相信是错误的。你们必须运用自己的理性和判断力，必须实践，看看这些事情会不会发生。正如在对待其他科学时一样，你们应该以完全同样的方式学习瑜伽这门科学。其中既没有神秘的东西也没有危险。说实话，它应该在光天化日的大街上被公开宣讲。任何把这些东西神秘化的尝试都会产生巨大的危险。

在继续深入之前，我会谈谈数论哲学，它是整个王瑜伽的基础。在数论哲学看来，感知的起源是这样的：对外部对象的浸染（affection）被外部工具传送到相应的大脑中枢或器官，这些器官把浸染传送给心灵，再由心灵传送给决定性的官能，原人（puruṣa）也就是灵魂从这里接收到它们，此时感知就产生了。接下来它会把命令返回到运动中枢，做出必要的反应。除了原人，所有其他东西都是物质性的，但心灵是比外部工具更精微的物质。构成心灵的物质也会形成被称作精微元素（tanmātra）的物质。这些东西会变得粗大，形成外部的物质。这就是数论的心理学。所以，理智和粗大的外部物质之间只有程度上的差别。原人是唯一的非物质性的东西。心灵仿佛是灵魂手中的工具，灵魂通过它捕捉到外部对象。心灵在不断改变和摇摆，在它变得完美的时候，可以把自己同若干个或一个器官相连接，也可以不与器官相连接。例如，如果我全神贯注地听着钟声，那么即使眼睛睁着，我也可能看不到任何东西，这表明当心灵附着在与听觉有关的器官上时，并没有附着在与视觉有关的器官上。但完美的心灵可以同时附着在所有感官上。它具有看向自己深处的反身的力量。这种反身的力量是瑜伽士想要获得的。通过集中心灵的力量，把这种力量转向内部，他可以知道在内部发生的事情。这不是单纯的信仰问题，而是一些哲学家得到的分析。现代生理学家告诉我们，眼睛并不是视觉器官，器官其实是大脑中的某个神经中枢，而且所有感官都是如此。他们还告诉我们，构成这些中枢的材料与构成大脑的材料是相同的。数论的说法与此相同。生理学家的说法是就物理方面而言的，数论的说法则是就心理方面而言的，其实它们说的是一回事。我们的研究领域则超越于这之上。

瑜伽士应该达到一种精微的感知状态，在其中，他可以感知到所有不同的精神状态。对所有这些状态一定都存在着精神上的感知。一个人可以感知到感觉是如何传播的，心灵是如何接收到它的，它如何去到具有决定性的官能那里，而这些又被如何呈现给原人。每一门科学都要求一些特定的准备，都拥有自己的方法，只有遵循这些准备和方法，这门科学才能被理解，对王瑜伽来说也是如此。

食物上的某些管制也是必要的，我们必须享用那些会让我们心灵变得最纯洁的食物。如果你走到一群被关起来的野生动物中，就会清楚地看到这一点。最大的动物大象是平静而温和的，狮子、老虎则躁动不安，这说明食物会造成巨大的不同。在身体内起作用的所有力量都从食物中产生，我们每天都可以看到这一点。如果你开始断食（fast）[1]，首先你的身体会变得虚弱，体力会变差，几天后，精神上的力量也会变差。先是记忆力会衰落，然后你会变得无法思考，更别说进行任何推理了。因此，我们必须从一开始就小心自己的食物，而当我们变得足够强壮、练习足够精进时，可以不太在意这些问题。在植物刚开始生长时，我们必须把它围起来，让它免于伤害；而当它长成一棵大树，就要把藩篱撤去，它已经强大到足以经受各种打击。

一位瑜伽士必须避免奢靡和过度苦行（austerity）这两个极端。他一定不能断食或折磨自己的肉体。《薄伽梵歌》说：断食，一直不睡或睡得太多，工作太多或完全不工作，这样的人不可能成为瑜伽士（《薄伽梵歌》6.16）[2]。

1　这里所说的"断食"应该指的是印度一些过度的苦行，如长期的不进食等。

2　黄宝生的译文是："瑜伽不能暴食，/ 也不能绝食；/ 瑜伽不能贪睡，/ 也不能不睡。"

第二章
最初的步骤

王瑜伽被分为八个分支。首先是持戒（yama）——不杀生（non-killing）、诚实、不偷盗（non-stealing）、贞洁（continence）和不接受施舍。接下来是内制（niyama）——纯净、知足、苦行（austerity）、学习和向神臣服（self-surrender）[1]。接下来是坐姿（āsana），也就是身体的姿势[2]；调息（prāṇāyāma），对生命气（prāna）的控制；制感（pratyāhāra），限制感官与对象的接触；专注（dhāraṇā），把心灵固定在一个点上；冥想（dhyāna/ meditation）；最后是三摩地（samādhi），也就是超意识（superconsciousness）。

如我们看到的那样，持戒和内制是道德上的训练，没有这些作为基础，瑜伽的练习就不会成功。在这两者被确立之后，瑜伽士会

1　王瑜伽的八个分支简称"瑜伽八支"，辨喜在本书中的三处（第16页、第73—74页、第152—153页）都讲到过，但他对"持戒"和"内制"的具体做法的用词并不完全一致，读者可以综合参考。

2　"āsana"的本意就是坐姿，但随着瑜伽的发展，出现了各种与身体姿势有关的练习，因此后来"āsana"也被直接称作"体式"。

开始亲证他练习的成果，没有这些，练习就不会有成果。一位瑜伽士一定不能想去伤害任何人，无论是通过思想、言语还是行为。怜悯不应该仅仅被投向人类，而是必须超越出来，被投向整个世界。

　　接下来是坐姿，也就是身体的姿势。每天都要进行一系列身体和精神上的练习，直到达到某种更高级的状态。因此，找到一种可以长时间保持的坐姿是非常有必要的。人们应该选择对自己而言最容易的坐姿。就思考而言，一种坐姿可能对一个人来说很容易，对另一个人来说就很难。随后我们会发现，在学习这些心理学的东西时，身体内会出现大量的活动。神经流一定会被转移并获得新的通道。新的振动会出现，整个构造似乎都会被重塑。但这些活动的主要部分会沿着脊柱运行，所以必须让脊柱保持放松，要坐直，保持三个部分——胸部、颈部和头部——在一条直线上。让肋骨支撑起整个身体的重量，然后让脊柱伸直，这样就会获得容易的、自然的坐姿。你们会很容易发现，含胸驼背时是无法思考高级思想的。瑜伽的这个部分与哈他瑜伽（haṭha yoga）类似，后者完全是应对物质身体的，其目的是让物质身体变得非常有力。我们在这里不会谈论哈他瑜伽，因为它的实践练习是非常难的，不可能一蹴而就，而且也不会带来灵性上的巨大成长。你们会在德尔萨特[1]和其他教师那里发现很多这样的练习，比如

1　指弗朗索瓦·德尔萨特（François Delsarte，1811—1871），十九世纪法国歌唱家、演说家和教育家。这里指的是他创立的德尔萨特体系。他通过观察实际生活中人类的行为、表情与情感之间的关系，总结出一套关于人类身体所有表现要素的科学体系，并运用它来教导演说家、歌手和演员等，帮助他们通过身体动作等手段恰当地表达自己的情感。这些理论和实践在十九世纪下半叶的美国产生了比较大的影响。

把身体摆成不同的姿势，但这些练习的对象是身体上的，不是心理上的。人们可以建立起对身体中任何一块肌肉的完美控制，可以按照自己的意愿让心脏停止跳动或继续跳动，而有机体的每个部分都可以像这样被控制。

瑜伽的这个分支的结果是使人长寿。健康是哈他瑜伽士的首要观念和目标之一。他决心不再生病，也不会再生病。他会长寿，对他来说一百岁都不算什么。他可以在一百五十岁时仍然很年轻和有活力，没有一根白发。但一切也就不过如此了。一棵榕树有时候也会活上五千年，但它不过就是一棵榕树。所以，如果一个人只是长寿，那么他不过是一只健康的动物。学习哈他瑜伽的一两次普通课程会非常有用。例如，你们中的某些人会发现，在早上一起床就通过鼻子吸入冷水对头痛非常有好处，你的大脑会在一整天都变得清爽，你也不会再感冒。这是很容易做到的：把鼻子放入水中，通过鼻孔吸水，然后在喉部做抽水的动作。

根据某些学派的说法，在掌握了稳定、笔直的坐姿后，人们必须进行一种被称作净化神经的练习。有些人拒绝这个部分，因为它不属于王瑜伽，但根据权威注释者商羯罗的建议，我认为还是应该提及这种练习。这是他在《白骡奥义书》（*Śvetāśvatara Upaniṣad*）注释中的评论："心灵中的糟粕被调息清除，在梵中变得稳固，因此要宣讲调息。首先，神经必须被净化，然后才会获得练习调息的力量。用拇指压住右鼻孔，根据自己的能力，通过左鼻孔吸满空气；然后不要停顿，压住左鼻孔，通过右鼻孔把气呼出去。再根据自己的能力，从右鼻孔吸气，从左鼻孔呼气；在一天中的四个时间点练习三到五次：黎明前、中午、黄昏和午夜；这样在十五天或一个月后，神经就会得到净化，然后再开始练习调息。"

实践练习是绝对必要的。你们可以每天都坐下来听我讲上很久，但如果不实践，就不会取得任何进步。这完全取决于实践。只有经验到它们，我们才能理解这些事情。我们必须自己看到、感觉到它们。仅仅听解释和理论是无用的。在实践中有一些障碍。第一个障碍是不健康的身体。如果身体状态不适，就会阻碍练习。因此我们必须保持身体的健康，必须小心自己的饮食和作为。始终要使用一种精神上的努力——"基督科学教会"[1]常常宣扬这一点——来保持身体的有力。这对身体来说就够了。我们一定不要忘记，健康只是达到目的的手段。如果健康就是目的，我们就和动物没有区别；动物倒是很少变得不健康。

第二个障碍是怀疑。我们总是怀疑自己看不到的东西。无论如何尝试，人们都不能靠语词为生。我们会怀疑在所有这些东西中是否有真理，甚至我们中最出色的人有时也会怀疑。而通过实践练习，我们在几天之内就可以瞥见一些真理，这足以为我们提供勇气和希望。正如一位瑜伽哲学的评论者所说："在得到一次证明时，无论这种证明多么渺小，它都会让我们对瑜伽的整个教导充满信心。"例如，在最初几个月的练习之后，你们可能发现自

1　基督科学教会（Christian Science）于 1879 年由玛丽·贝克·艾迪（Mary Baker Eddy）创立，主张实在是完全灵性的，物质只是幻象，因此不提倡在生病时接受治疗，认为一切身体上的疾病都可以通过对精神上的问题进行修正（采取祈祷等方法）而得到治愈。该派的主张引起了较大争议，在进入二十世纪中叶后逐渐衰落。

己能够阅读他人的想法，它们会以图像的形式呈现在你们面前。在全神贯注地倾听时，你们或许会听到从很远的地方传来的声音。这些瞥见会出现的，尽管最初很微小，但足以给你们带来信念、力量和希望。例如，如果把思想专注在鼻尖上，在几天后你会开始闻到最甜美的香气，这足以向你表明，有一些精神上的感知可以在不与物理对象相接触的情况下凸显出来。但必须始终记住，这些都只是手段，而所有练习的目的、终点和目标都是灵魂的解脱。只有对自然的绝对掌控才是目标。我们必须是自然的主人而非奴隶。不能让身体和心灵成为我们的主人，我们也一定不能忘记，身体是我的，而不是我是身体的。

一位神祇和一个恶魔从一位伟大的智者那里学习了关于大我的知识。他们跟随他学习了很长时间。最后智者告诉他们："你们自己就是你们一直寻找的存在。"他们都认为自己的身体就是大我，于是很满意地回到自己的人民那里说："我们已经学到了一切想学的东西。大家尽情吃喝玩乐吧，我们就是大我，在我们之外什么都没有。"恶魔的本性就是无知、阴暗，所以他再也没有进一步探究，对自己就是神、大我就是身体这样的观念感到非常满意。神祇则拥有更纯洁的本性。他最开始产生了这样错误的想法：我，这个身体，就是梵，所以要让它保持强壮和健康、穿好的服饰，让它享受各种愉悦。但几天后，他就发现那不可能是智者的意思，肯定存在着更高级的东西。于是他回到智者那里问道："先生，您是否教导我，这具身体就是大我？如果是这样的话，我看到所有身体都会死亡，可大我不会死亡。"智者说道：

"去寻找答案吧；汝即那[1]。"然后那个神祇认为，智者指的是让身体运转起来的生命力。但在一段时间后，他发现如果自己吃东西，这些生命力就会保持有力的状态，如果饿了，它们就会变得虚弱。这位神祇又回到智者那里问道："先生，您的意思是说生命力就是大我吗？"智者说："自己去找出答案吧；汝即那。"这位神祇再次回到家里，认为智者的意思或许是心灵是大我。但不久之后他看到，思想是多种多样的，有时是好的，有时是坏的。心灵太多变了，不可能是大我。他去智者那里再次问道："先生，我并不认为心灵就是大我。您的意思是这样吗？"智者回答说："不，汝即那；自己去找出答案吧。"神祇回到家里，最终发现祂就是大我，超越所有思想，无生无死，不能被刀剑刺伤也不能被火灼烧，风无法让祂干燥，水无法让祂溶解，无始无终，固定不动，不可触及，是全知、全能的存在。祂既不是身体也不是心灵，而是超越于它们之上。他对此感到满意。但可怜的恶魔由于对身体的钟爱而没有得到真理。

世上有很多恶魔般的本性，但也有很多神祇。如果有人提议去教授一门科学以增加愉悦感官的力量，很多人会来学习它；可如果有人承诺会展示至高无上的目标，却几乎没有什么人愿意倾听。只有极少数的人拥有把握更高级东西的力量，而拥有获得它的耐心的人就更少了。但还是有一些人知道，即使一具身体可以存活一千年，最后的结局也没什么两样。当把那具身体维持在一

1　"汝即那"（tat tvam asi / Thou art That）表示自我与作为至高实在的梵是同一的；参阅《歌者奥义书》6.8最后一段。

起的力量消散时，身体也一定会消失。没有一个人能够让自己的身体在哪怕一瞬间的时间内不发生变化。身体就是一系列变化的名称。"正如在一条河流中，水每时每刻都在变化，新的水注入进来，形式是相似的。身体也是如此。"但必须让身体保持有力和健康，它可是我们最好的工具。

　　人类的身体是宇宙中最了不起的身体，而人类也是最了不起的存在者。人比所有动物和天使都高级，没有什么比人更了不起。甚至天神 [1] 也不得不降生在人类身体中以获得救赎，因为只有人类才能实现完美。根据犹太教徒和穆斯林的说法，神在创造了天使和其他一切东西之后才创造了人。然后祂要求天使向人致敬，除了易卜劣斯[2]，所有天使都照做了。于是神诅咒他，他变成了撒旦。这则寓言背后隐含着伟大的真理：人类的诞生是最伟大的诞生。较低级的被造物，比如动物，是愚钝的，主要由惰性（tamas）构成。动物无法拥有高级的思想，天使或天神也无法在没有人类诞生的情况下直接获得自由。同样，在人类社会中，过度的财富和贫穷都是灵魂获得更高级发展的巨大阻碍。世上最伟大的人通常来自中间阶层。在这个阶层中，各种力量都得到恰当的调整，是平衡的。

　　回到我们的主题。现在我们来说说调息，也就是掌控呼吸。这与集中心灵的力量有什么关系呢？呼吸就像身体这部机器的飞

1　"天神"（deva）在印度神话中指居住在天界的男性神明。辨喜在这里将其译作"god"。

2　"易卜劣斯"（Iblis）是伊斯兰教中对撒旦的称呼。辨喜这里说的故事记载于《古兰经》中，参阅《古兰经》第七章第11—13节。

轮（fly-wheel）。在巨大的发动机中，你会发现是飞轮首先开始转动，这种转动被传送到越来越精微的机器部分，直到机器中最精致、最精微的部分开始运动为止。呼吸就是那个飞轮，提供并调节身体内的一切推动力。

曾有一位伟大国王的臣子做了失节的事情。作为惩罚，国王命令把他关在一座高塔顶上。于是他就被关在那里等死。但他有一位忠诚的妻子，她在一天夜里来到塔下，问自己的丈夫如何才能帮到他。他告诉妻子在第二天夜里回到塔下，带上一根长长的绳索、一些结实的麻绳、一些麻线和丝线、一只甲虫和一点蜂蜜。虽然很好奇，但善良的妻子还是照做了，带来他需要的东西。丈夫让她把丝线牢牢拴在甲虫身上，然后在它的触角上涂一点蜂蜜，接着把它放在塔的外墙上，头向上朝着塔顶的方向。她都照做了，然后甲虫开始了自己漫长的旅程。它闻到前方有蜂蜜的味道，就缓慢向前蠕动着，希望可以够到蜂蜜，直到最后它达到了塔顶。这时大臣抓住了甲虫，拿到了丝线。他告诉妻子把丝线的另一端系在麻线上，在他拉起麻线后，又用同样的方法拿到了结实的麻绳，直到最后得到了绳索。剩下的事情就容易了。他顺着绳索降下，从塔顶逃了出来。在我们的身体中，呼吸活动就是丝线；通过学会控制它，我们就可以把握住麻线，也就是神经流；由此可以再把握住结实的麻绳，也就是我们的思想；最终把握住绳索，也就是生命气——掌控住它，我们就达到了自由。

我们其实对自己的身体一无所知，也不可能知道它。我们最多可以解剖一具尸体，有些人甚至还解剖活的动物以观察身体内发生的事情。可这些都与我们自己的身体无关。我们对它几乎一无所知。为什么是这样呢？因为我们的注意力没有足够的分辨力，无法捕捉到在我们之内发生的十分精微的活动。只有当心灵变得更加精微、更加深入身体之内时，我们才能知道这些活动。为了获得精妙的感知，我们必须从更粗大的感知开始。我们必须掌握那个让整个引擎运转起来的东西。这就是生命气，它最明显的显现就是呼吸。然后，随着呼吸，我们将慢慢地进入身体，这将使我们能够发现精妙的力，也就是遍布全身的神经流。一旦我们感知到它们，就会开始掌控它们并掌控我们的身体。心灵的活动也是通过不同的神经流实现的，所以我们最终会达到对身体和心灵的完全掌控，让它们都成为我们的仆人。知识就是力量。我们必须得到这种力量。所以我们要从一开始就通过调息来约束生命气。调息是漫长的主题，需要花一些课程来全面地阐明。我们会一部分一部分地进行。

我们将逐步看到每个活动的原因，以及是身体内的哪些力在推动这些活动。我们会明白所有这些事情，但这需要持续的练习，而证明要通过练习才能获得。在你们自己证明这些之前，我提出的任何推理都无法成为证据。一旦开始感觉到这些运动着的神经流遍布全身，你的怀疑就会消失，但这需要每天艰苦的练习。每天至少要练习两次，最好的时间是清晨和黄昏。当黑夜变成白昼或白昼变成黑夜时，相对平静的状态就会随之而来。清晨和黄昏是两个平静的时间段。你的身体在这时会趋向于平静。我们应该利用这样的自然条件来练习。要建立起这样的习惯：练习之前不要进食；如果做到了，饥饿的力量就会摧毁你的懒散。在印度，人们教导孩子，在完成练习或崇敬神的活动之前绝不要进食；过了一段时间，这对他们来说就会变成自然而然的事情。一个孩子在完成沐浴和练习之前是不会感到饥饿的。

你们中那些有负担能力的人，最好为这种练习留出单独的房间。不要在那个房间里睡觉，必须保持它的神圣。除非完成沐浴，否则一定不能进入那个房间，必须保持身心的完全洁净。房间里要一直有鲜花，它们能为瑜伽士提供最好的环境，当然还包括令人愉悦的画作。早晚都要焚香。在那个房间里不要争吵、生气，也不能有不圣洁的想法。只有与你有同样想法的人才能被允许进入。然后房间里逐渐会出现神圣的氛围，这样，当你感到痛苦、悲伤、充满疑虑或心灵被打扰时，只需进入这个房间就可以平静下来。这其实就是庙宇和教堂的观念：通过保持神圣的振动，这个地方会变得光明并保持光明。即便现在你也可以在一些庙宇和教堂中发现这样的观念，但在大多数地方已经没有了。无法负担一个单独房间的人，可以在任何自己喜欢的地方练习。笔直地坐好，首先要向所有被造物传达神圣的思想之流。在心里重复道："愿众生都幸福，愿众生都宁静，愿众生都得到欢喜。"对东南西北四方都要发出这样的祈愿。你做得越多，自己就会感觉越好。最终你会发现，让自己健康的最简单方法就是看到别人是健康的，而使自己幸福的最简单方法就是看到别人是幸福的。在做了这些之后，信仰神的人可以进行祷告——不要为了金钱、健康或天堂祷告，要为了知识和光明祷告，任何其他的祷告都是自私的。接下来要做的就是考虑自己的身体，看到它是有力和健康的，它是你最好的工具。要看到它是坚固有力的，在这具身体的帮助下，你将穿越生命的海洋。软弱的人永远不可能实现自由，要扔掉所有软弱之处。告诉你的身体，它是有力的；告诉你的心灵，它是有力的；要对自己拥有无穷无尽的信心和希望。

第三章
生命气

调息并不像很多人认为的那样是某种关于呼吸的东西，其实，它与呼吸并没有什么密切的联系。呼吸只是我们达到真正调息的众多练习之一。调息意味着对生命气的掌控。在印度哲学家看来，整个宇宙都由两种材料组成，其中一种被他们称为空元素[1]。它是无所不在的存在。任何有形式的东西、任何作为结合的产物的东西，都是从空元素演化而来的。是空元素变成了气体、液体和固体；是空元素变成了太阳、地球、月亮、星星、彗星；是空元素变成了人类的身体、动物的身体、植物、我们看到的一切形式、我们感到的一切东西、存在着的一切东西。它无法被感知到，非常精妙，以至于超出了所有日常的感知。只有当变得粗

---

1 "空元素"（ākāśa）是印度思想中表示空或空间的概念，也被译作空界、虚空等。辨喜有时候将其等同于以太（ether），有时又等同于空间（space）。其中以太系亚里士多德所设想的一种物质，在当时被认为是电磁波等传播的介质，但随着物理学的发展被逐渐抛弃。

大、具有了形式的时候，它才能被看到。在创世之初只有空元素存在。在循环[1]的终点，这些固体、液体、气体都会再次融化为空元素，而下一次创世又以同样的方式从空元素中产生出来。

空元素是通过什么力量被制造为这个宇宙的呢？就是通过生命气的力量。正如空元素是这个宇宙无限、全在的材料一样，生命气就是这个宇宙无限、全在的显现的力量。在一次循环的开端和终点，一切都变成空元素，而宇宙中所有的力量都分解为生命气；在下一次循环中，一切被称为能量和力的东西都从这种生命气演化而来。是生命气显现为运动，显现为万有引力、磁力，显现为身体的活动、神经流、思想的力量。从思想到最低级的力，一切都不过是生命气的显现。宇宙中的所有力——无论是精神上的还是物质上的力——的总和在分解为原初状态时，就被称为生命气。"在一切都是虚无、黑暗笼罩着黑暗的时候，有什么存在？是没有任何活动的空元素存在。"[2]生命气的物理运动停止了，但它仍然存在。

在一次循环的终点，现在展现在宇宙中的能量会平息下来，变成潜在的东西。在下一次循环的开端，它们会重新启动，撞击空元素，从空元素中会演化出各种形式，随着空元素的改变，生命气也会转变为所有这些能量的显现。这种关于生命气的知识和掌控，才是调息的真正含义。

---

1 这里指宇宙从生成到毁灭的一次过程。印度传统思想认为宇宙是不断从生成到毁灭再到生成的。

2 参阅巫白慧译解《〈梨俱吠陀〉神曲选》中的《有转神赞》。这首颂歌也被称为《无有歌》，参阅姚卫群编译《印度古代宗教哲学文献选编》第3页。

这为我们打开了无限力量的大门。例如，假设一个人完全理解了生命气并且能够掌控它，那么世上还有什么力量不属于他呢？他能够把太阳和其他恒星移出自己的位置，控制宇宙中的一切，从原子到最大的恒星，因为他能够掌控生命气。这就是调息的终点和目标。当瑜伽士变得完美，自然中的一切都会在他的控制之下。如果他把神祇和灵魂呼来唤去，它们就会服从命令。自然中的一切力都会像奴隶那样服从他。当无知者看到瑜伽士的这些力量时，会称之为奇迹。印度教思想的一个独特之处在于，总是要求做出最终极的概括，而把细节留待以后解决。吠陀中就有这样的问题："这样的东西是什么：知道了它，我们就知道了一切？"[1] 所有书籍、所有被写下来的哲学，都是为了弄清楚这个问题：通过知道什么我们就可以知道一切。如果一个人想一点一点了解这个宇宙，就必须知道每一颗沙粒，这意味着要耗费无限的时间。他当然不可能知道所有的沙粒。那么知识是如何可能的？一个人怎么可能通过特殊的东西而变得无所不知？瑜伽士说，在这些特殊显现的背后，存在着一种概括。在所有特殊的观念背后，都存在着一种一般化的、抽象的原则，只要把握住它，你就把握住了一切。在吠陀中，整个宇宙被概括为唯一的绝对存在，把握到这个存在的人就把握到了整个宇宙。同样，所有的力都被概括进生命气中，把握到生命气的人就把握到了宇宙中所有的力——无论是精神上的还是物质上的力。掌控了生命气的人就掌

1　参阅《剃发奥义书》1.1.3。

控了自己的心灵，也掌控了所有存在的心灵。掌控了生命气的人就掌控了自己的身体，也掌控了所有存在的身体，因为生命气就是力的一般化的显现。

调息的核心观念之一就是如何掌控生命气。在这方面的所有训练和练习都是为了这个目的。每个人必须从自己身边的东西着手，必须学习如何掌控离自己最近的东西。这个身体离我们非常近，比外部宇宙中的任何东西都更近，而心灵又是所有东西中最近的。推动我们身心运作的生命气是宇宙中离我们最近的生命气。代表了我们自身能量——无论是精神上的还是物质上的——的这股生命气的小浪花，是无限的生命气海洋中离我们最近的浪花。只有成功掌控了那朵小浪花，我们才有希望掌控全部的生命气。做到这一点的瑜伽士会变得完美，不再处于任何力量的支配下，几乎变得全能、全知。可以看到，每个国家都有试图掌控生命气的教派。在这个国家，有实施心灵疗法的治疗师（Mind-healers）、实行信仰疗法的治疗师（Faith-healers）、唯灵论者（Spiritualists）、基督教科学派（Christian Scientists）、催眠师（Hypnotists）[1] 等等。如果考察这些派别就会发现，它们背后都有对生命气的掌控，无论它们是否知道这一点。如果可以把这些理论进行蒸馏，那么最后提取出来的东西就是对生命气的掌控。

1　这里提到的几个流派都是在当时的美国比较盛行的。心灵疗法和信仰疗法主要通过精神、祈祷等手段治疗身体疾病。唯灵论在这里指的是自十九世纪四十年代左右开始流行于美国的思潮，相信灵体（spirit）不仅在死后存在，而且是比活着的人类更高级的存在，可以与活人交流并对之产生影响，那些能够与灵体交流的人被称作灵媒（spirit medium）。唯灵论兴盛了约半个世纪，至今仍有影响。

这些人在操控的都是同一种力，只是有的人并不知道罢了。他们偶然发现了一种力并无意识地使用它，但并不知道它的本质，实际上这与瑜伽士使用的东西是一样的，都来自生命气。

生命气是每个存在物中的生命力。思想是生命气最精微、最高级的活动形式。但如我们所看到的那样，思想并不是全部。还存在着被称为本能或无意识的思想，它们是生命气活动的最低级层面。如果一只蚊子叮了我们，我们的手会自动地、本能地去拍它。这是思想的一种表现。身体的所有反射性活动都属于思想的这个层面。思想还有另一个层面，那就是意识。我可以推理、判断、思考、看到一些事物的正反两面，但这仍然不是全部。我们知道理性是有限的，只能达到一定的限度，在那之外是达不到的。它能运转的范围其实非常有限。但与此同时，我们发现了一些闯入这个范围的事实。某些东西如彗星一样闯入这个范围内，尽管我们的理性无法超出自己的界限，但可以肯定这些东西来自理性的界限之外。闯入这个狭小范围内的现象，其原因位于理性的界限之外。心灵可以存在于更高级的层面上，那就是超意识。当心灵达到那样的状态、也就是三摩地——完全的专注、超意识——时，它就超出了理性的界限，直面本能或理性不可能知道的事实。如果加以训练，对身体精妙力量——生命气的不同显现——的所有操作都会对心灵产生推动作用，帮助它变得更高级、变为超意识。

在宇宙中，每个存在层面都有一种连续的实体。从物理上说，这个宇宙是一体的，在太阳和你之间并没有区别。科学家会告诉你，相反的说法不过是虚构。在桌子和我之间并没有真正的区别：桌子是一堆物质中的一个点，我则是另一个点。每种形式都代表了物质的无限海洋中的一个漩涡，在这片海洋中，没有任何东西是恒常的。正如激流中可能有无数个漩涡，每个漩涡中的水在每时每刻也都是不同的，它们旋转上几秒钟，然后就被抛了出去，被新的水代替。整个宇宙就是这样一大团不断变化的物质，其中，存在的所有形式都是这样的漩涡。一团物质进入一个漩涡——比如一个人的身体——中，在那里停留一段时间，发生改变，然后进入另一个漩涡——比如一个动物的身体——接着在若干年后再进入另一个漩涡——比如一块矿石。一切都是永远变化着的，没有任何形体是恒常的。并不存在作为你我身体的东西，除了在语词中。在这团巨大的物质中，有一个点被称为月球，另一个被称为太阳，还有一个被称为人，还有地球、行星、矿石。其中没有任何一个是恒常的，一切都在改变，物质永远在凝聚和瓦解。心灵也是如此。物质的代表是以太，当生命气的活动变得更精妙时，这种以太就处于更精微的振动状态中并成为心灵的代表，而且它仍然是一团不间断的物质。如果能够达到那种精妙的振动，你就会看到并感到整个宇宙都是由精妙的振动组成的。有时，某些药物可以让我们在感官中体验到这一点。你们很多人可能记得汉弗里·戴维爵士的著名实验[1]，在其中，他完全处

1　汉弗里·戴维（Humphrey Davy，1778—1829），英国化学家。这里说的"笑气"（laughing gas）指的是一氧化二氮，1799 年由戴维发现，具有轻微麻醉作用，能够使人发笑，因此被称作"笑气"。

于笑气的控制下——你们记得他如何在演讲中一动不动，呆若木鸡，然后说整个宇宙都是由观念构成的。那时，粗大的振动暂时停止了，只有被他称之为观念的精妙振动向他呈现出来。他只能看到自己周围精妙的振动，而一切都变成了思想。整个宇宙都变成了思想的海洋，他和所有人都变成了渺小的思想的漩涡。

因此，甚至在思想的宇宙中，我们也会发现统一性。最后，当我们达到大我时，就会知道大我只能是一。超越于物质在粗大或精妙层面的振动之上的、超越于运动之上的只有一。甚至在显现的运动中也只存在着统一性，这是无法否认的事实。现代物理学也表明，整个宇宙中能量的总和始终是不变的。人们也已经证明，这种能量的总和以两种形式存在着。它会变成潜在的、缓和下来，变得平静，接下来又作为各种力的显现而出现；然后它会再返回安静的状态，接着再次显现。它就这样永恒地进化和退化[1]着。如之前所说的那样，对这种生命气的控制就是调息。

生命气在人体内最明显的显现就是肺部的活动。如果那种活动停止了，通常来说，力在身体内的其他显现也会立即停止。但有些人可以通过某种方式训练自己，使得身体在这种运动停止时仍然可以存活。有些人可以把自己埋起来好几天，在没有呼吸的情况下存活。为了获得精妙的东西，我们必须接受粗大东西的帮助，缓慢地朝最精妙的东西前进，直到达到自己的目标。调息的

1　这里的"进化"和"退化"分别是"evolving"和"involving"，其中后者被辨喜用来指一种与进化相反的过程，因此尽管其字面意思是"卷入""涉及"，在这里译者还是将其译为"退化"。

真正意思就是控制肺部的活动，而这种活动是与呼吸有关的。并不是呼吸制造了这种活动，而是这种活动制造了呼吸。肺部活动像泵一样把空气吸入进来。生命气推动肺部，肺部的活动把空气吸入进来。所以，调息并不是呼吸，而是在控制推动肺部的肌肉力量。肌肉力量通过神经被传递到肌肉，再通过肌肉被传递到肺部，以某种方式推动肺部活动，这种力量就是生命气，是我们在调息练习中必须掌控的东西。当生命气受到控制时，我们就会立即发现，生命气在身体内的所有其他活动也都缓慢地得到控制。我曾见过一个人，他几乎控制了自己身上的每一块肌肉。这有什么不可思议的呢？如果我可以控制某些肌肉，为什么不能控制每一块肌肉、每一根神经呢？目前我们做不到这一点，运动变成了自动的。我们不能根据自己的意愿活动耳朵，但我们知道动物可以做到这一点。之所以没有那种力量，是因为我们不去练习它。这就是返祖现象（atavism）。

我们知道，变得潜在的运动可以再次得以显现。通过艰苦的工作和练习，身体中一些几乎处于休眠中的活动可以再次得到完全的掌控。由此可以推断出，没有什么是不可能的，身体的每个部分都可以得到完全的掌控。瑜伽士通过调息可以做到这一点。你们中有些人或许已经知道，在调息中，当吸气时，你必须让整个身体充满生命气。在英语中，生命气被翻译为"呼吸"，所以你们会纳闷该如何做到让整个身体充满"呼吸"。问题出在翻译上。身体的每个部分都可以充满生命气，也就是生命力，当能够做到这一点时，你就可以掌控整个身体。身体中的所有疾病和痛苦都会完全得到控制，不仅如此，你甚至能够掌控他人的身体。世上的一切，无论好坏，都是可以相互浸染的。如果你的身体处于某种紧张的状态，就会倾向于在其他人那里制造出同样的紧张状态。如果你是有力和健康的，那些生活在你周围的人也会趋向于有力和健康。可如果你是软弱和生病的，这些人也会趋向于这样。当一个人试图治疗另一个人时，首要的想法就是把自己的健康传递给他人。这就是原初的疗法。无论是有意识的还是无意识的，健康都是可以被传播的。一个非常有力的人与一个非常弱小的人生活在一起，前者会使后者变得更有力一些，无论他自己是否知道这一点。当人们有意识地这样做时，这种作用就会发生得更快、更好。在另一些情况下，有的人自己可能并不太健康，但我们知道他可以给别人带来健康。因为那个人对生命气拥有更多的掌控，可以暂时唤起自己的生命气，使其处于某种振动状态中，并把它传递给另一个人。

在有些情况下，这样的过程发生在一定距离之外，但实际上，这种距离并不意味着中断。距离何来中断？在你和太阳之间有任何中断吗？这里存在的是连续的物质，太阳是一部分，而你是另一部分。在河流的一个部分和另一个部分之间有中断吗？为什么不可能有一种力在其中穿行呢？没有理由反对这种说法。在一定距离之外治愈疾病的案例完全可能是真的。生命气可以被传送到很远的距离之外。但如果真实的案例有一例，那么骗术就可能有数百例。这种治愈的过程并不像想象的那样容易。在大多数日常情形下，你们会发现治疗者不过是利用了人体的自然健康状态。一位采取对抗疗法的治疗者在治疗一位霍乱病人，并给他开药。一位采取顺势疗法[1]的治疗者也开出自己的方子，或许会比前者更有效，因为顺势疗法不会扰乱病人，而是让自然来应对他们。信仰疗法的治疗效果还要更好，因为它带来的是治疗者心灵的力量，通过信仰唤起患者处于休眠中的生命气。

在信仰疗法中有一个经常出现的错误，即认为信仰可以直接治愈病人。但信仰自身并不能覆盖所有领域。在有些疾病中，最糟糕的症状是，患者并不认为自己有病。此时，患者巨大的信念自身就是疾病的症状，而这通常暗示着他可能很快就会死亡。在这样的情况下，信仰治疗的原则就不适用了。如果仅仅通过信仰就行，这些病人就可以被治愈，可情况并非如此。真正的治愈是通过生命气实现的。纯洁的、已经掌控了生命气的人，拥有使它处于某种振动状态的力量，这种力量可以被传递给其他人，在他们那里唤起类似的振动。你们可以在日常活动中看到这样的事情。我在跟你们说话。我在做什么？可以说，我在使自己的大脑处于某种振动状态，而我越是成功地做到这一点，你们就越会被我所说的话影响。你们都知道，我越是热忱，你们就会越喜欢我的演讲；而当我不那么热忱时，你们的兴趣也会减少。

世界的巨大的意志力——也就是世界的推动者——可以让

---

1 "对抗疗法"（allopath）和"顺势疗法"（homoeopath）是医学中的不同主张。"顺势疗法"属于替代疗法，即并非依据科学方法得到的疗法，提倡通过摄入经过稀释的引起疾病的物质来治疗疾病。"对抗疗法"则是"顺势疗法"的提倡者德国人哈内曼（Christian Hahnemann）提出的术语，指用对抗的方式直接消除疾病的原因。现代主流医学的思路应该说属于"对抗疗法"，但这个术语并没有作为正规术语被采用。

生命气处于高级的振动状态，这如此伟大、如此有力，以至于一瞬间就可以抓住其他人，把数以千计的人吸引过来，半个世界都会听从其指令。世上伟大的先知对生命气的掌控是最出色的，这给予他们巨大的意志力。他们让自己的生命气处于最高级的活动状态，从而获得力量去影响整个世界。力量的所有显现都产生自这种掌控。人们可能不知道其中的秘密，但这是唯一的解释。有时，你体内的生命气会或多或少集中到某个部分，平衡就会受到干扰。当生命气的平衡被扰乱时，我们所说的疾病就出现了。去除多余的生命气，或补充所需的生命气，这样就可以治愈疾病。这仍然属于调息——要知道体内某个部分的生命气会在何时超出或低于需求。相应的感觉会变得非常精妙，以至于心灵可以感觉到脚趾或手指中生命气的不足，并且会拥有补充它的能力。这是调息的各种功效之一。必须缓慢地、逐步地学习这些功效，而且如你们看到的那样，整个王瑜伽其实就是在教导如何在不同层面上掌控和引导生命气。如果一个人已经集中起他的能量，就掌控了自己体内的生命气。在冥想时，他也在集中生命气。

　　在海洋中，有大山一样的巨浪，也有更小的波浪，直到微小的气泡，所有这些背后都是无限的海洋。气泡与无限海洋的一端相连接，而巨浪则与另一端相连接。所以，一个人可能是巨人，也可能只是微小的气泡，但他们都与能量的无限海洋相连接，这是一切存在的动物所共有的与生俱来的权利。任何有生命的地方，其背后都有无限能量的仓库。从微小的霉菌、气泡开始，一直从无限的能量仓库中汲取能量，逐渐地、稳步地改变形式，直到经过一段时间后变成植物，然后变成动物，再变成人，直到成为神。这是通过无数漫长的时代才实现的，可什么是时间呢？加快速度、多做努力，就可以跨越时间的鸿沟。瑜伽士说，在自然条件下需要长时间才能完成的东西，可以通过强有力的行动在短时间内完成。一个人可以从宇宙的无限物质中缓慢地汲取那种能量，或许要花上十万年才能变成一位天神，再花上五十万年才能变得更高级，还要花上五百万年才能变得完美。但如果有了快速的增长，耗时就会缩短。有了足够的努力，为什么不可能在六年或六个月中就达到那种完美呢？这可并没有什么限制。理性已经表明了这一点。如果一台装载一定数量燃煤的引擎每小时可以跑两英里，那么在增加更多煤炭供应的情况下，它可以跑得更快。同样，通过增强活动，灵魂为什么不能在这一生就获得完美呢？我们知道，所有存在物最终都会达到那个目标。但谁愿意等上如此漫长的时间？为什么不在这具身体中、在人的形式中立即实现它呢？为什么不在现在就获得那无限的知识、无限的力量？

瑜伽士的理想、整个瑜伽科学的理想，就是教导人们如何通过增强同化（assimilation）的力量来缩短达到完美的时间，而不是缓慢地逐步前进，直到全人类都变得完美。世上所有伟大的预言者、智者和先知（seers）——他们做了什么？他们在一生的跨度中就经历了人类的全部生命，穿过了从普通人类到变得完美的整个时间跨度。他们在一生中就让自己变得完美。他们没有任何关于其他事情的想法，没有片刻为其他观念而活，因此他们的道路被缩短了。这就是专注、增强同化力量的意思，这可以缩短我们的路程。王瑜伽是一门教导我们如何获得专注力量的科学。

调息与唯灵论有什么关系呢？唯灵论也是调息的一种显现。如果真的存在着分离的灵体，只是我们无法看到它们，那么我们周边很可能有成千上万这样的灵体，只是我们无法看到、感到、触摸到它们罢了。我们可以一再穿过这些灵体，而它们也没有看到或感到我们。这是圆中圆，宇宙中的宇宙。我们有五种感官，我们以某种特定的振动状态来呈现生命气。所有处于同样振动状态的存在物都可以彼此看到对方，但如果有些存在物以更高级的振动状态来呈现生命气，它们就不会被看到。我们可以增加光的强度，直到我们完全看不到光为止，但有些存在物的眼睛可能非常有力，可以看到这种光。同样，如果光的振动频率非常低，我们也看不到它，但有的动物就可以看到它，比如猫和猫头鹰。我们的视野仅仅位于生命气振动的一个层面上。就拿大气来说：它一层层地堆叠着，越靠近地面的地方就越浓厚，随着高度的增加变得越来越稀薄。或者拿海洋来说：随着深度的增加，水的压力也会增加，而生活在海底的动物永远不会浮上来，因为那样会裂成碎片。

宇宙可以被看作一片以太的海洋，它由一层层不同级别的振动组成，这些振动处于生命气的作用之下。离中心越远，振动就越慢；离中心越近，振动就越快。同一种次序（order）的振动形成一个层面。假设这些振动的范围被切分成不同的层面，那么一组振动可能延伸几百万英里，另一组更高的振动可能也延伸几百万英里，如此等等。因此，很可能出现的情况是：生活在同一个振动状态层面上的存在物拥有识别出彼此的能力，但无法识别出生活在自己之上层面的存在物。但正如我们可以通过望远镜和显微镜来增加自己视野的范围一样，通过瑜伽我们也可以把自己带到另一个振动状态的层面上去，能够看到那里发生了什么。假设这个房间里到处都是我们无法看到的存在物，它们以某种振动状态呈现出生命气，我们以另一种振动状态呈现出生命气。假设它们呈现的是更快的振动，我们呈现的是更慢的振动。生命气是构成它们和我们的共同材料。所有这些都是同一片生命气海洋的组成部分，它们的不同只在于振动的频率。如果我可以把自己带到较快的振动状态，对我来说层面就立即改变了：我再也不会看到你们，你们消失而他们却出现了。你们中的一些人也许知道这是真的。把心灵带往更高级的振动状态，这在瑜伽中被概括为一个词——三摩地。所有更高级的振动状态、所有心灵的超意识的振动，都被概括为三摩地。三摩地的较低级状态让我们看到目前的存在物。当看到真实的事物时，当看到构成所有级别存在物的材料时，当通过知道一小块黏土就知道了宇宙中的所有黏土时，我们就达到了最高级别的三摩地。

由此我们看到，调息囊括了唯灵论的一切真理。同样，你们会发现，如果有任何教派或群体试图发现神秘、隐藏的东西，它们所做的事情其实就是这种瑜伽，即控制生命气的尝试。你们会发现，在任何出现非凡力量的地方，都是这种生命气在显现。甚至物理学也可以被囊括在调息之内。是什么推动了蒸汽引擎？就是生命气，它通过蒸汽起作用。除了生命气，所有电力和类似的现象还能是什么呢？什么是物理学？其实就是关于调息的科学，只不过是通过外部手段进行的。将自身显现为精神力量的生命气，只能通过精神手段被掌控。如果一种调息试图通过物理手段来掌控生命气的物理显现，就被称为物理学；如果试图通过精神手段来掌控生命气的精神显现，就被称为王瑜伽。

第四章
灵力[1] 生命气

　　根据瑜伽士的说法，脊柱中有两条神经流，分别被称为右脉（piṅgala）和左脉（iḍā），还有一条贯穿脊髓的中空管道，被称作中脉（suṣumṇā）。在中空管道的下端，就是瑜伽士所说的"昆达里尼莲花"（lotus of the kuṇḍalinī）。它的形状被描述为三角形，用瑜伽士象征性的语言来说，有一种被称作昆达里尼的能量盘绕在那里。当昆达里尼觉醒时，会试图强行通过中空管道，一步步上升，接着一重重的心灵逐渐被打开，不同的景象和奇妙力量来到瑜伽士这里。当它到达大脑时，瑜伽士就完全脱离了身体和心灵，灵魂将发现自己是自由的。我们知道，脊髓是以一种特殊的方式构成的。如果我们从水平方向看"8"这个数字，就看到它有两个部分，在中部连接在一起。假设你在这个"8"之后再加上一个"8"，如此叠加下去，就会呈现出脊髓的样子。左边是左

1　这里的"灵力"一词原文为"psychic"，也可以理解为超自然的、与精神有关的。

脉，右边是右脉，而贯穿脊髓中心的中空管道则是中脉。脊髓终止于腰椎的某处，在那里，精微的神经纤维向下延伸，即使在神经纤维内也有那样的管道，只不过更为精微罢了。管道在骶神经丛（sacral plexus）附近的底端闭合，根据现代生理学，那个部位是呈三角形的。以椎管（spinal canal）为中心的不同神经丛，可以很好地代表瑜伽士的不同"莲花"。

瑜伽士认为存在着几个中枢[1]：开始于海底轮（mūlādhāra），它是最下端的；结束于顶轮（sahasrāra），它是大脑中有上千朵花瓣的莲花。如果我们把不同的神经丛当作这些莲花的代表，瑜伽士的观念就可以很容易地用现代生理学语言来理解了。我们知道，在这些神经流中有两种作用：一种是传入的（afferent），另一种是传出的（efferent）；一种是属于感觉的，另一种是属于运动的；一种是向心的，另一种是离心的；一种把感觉传送给大脑，另一种把信息从大脑传给外部身体。从长远来看，这些波动都与大脑有关。为了扫清理解上的障碍，我们还必须记住一些事实。在大脑中，脊髓终结的地方呈鳞茎状（bulb），那里是延髓（medulla），它不是与大脑相连接的，而是被包裹在液体中。这样一来，如果头部遭受击打，击打的力量就会消散在液体中，而不会伤害到鳞茎状物。这是需要记住的重要事实。此外我们还要知道，在所有脉轮里有三个尤为重要：海底轮（最下端的）、顶轮（大脑中有上千朵花瓣的莲花）和脐轮（maṇipūra）。

1　这里的"中枢"（centre）即瑜伽中所说的脉轮（cakra），参阅下一章对脉轮的介绍。

接下来，我们将考虑物理学中的一个事实。我们都听说过电力和其他各种与之有关的力。没人知道电力究竟是什么，但就目前所知的来说，它是一种运动。宇宙中还有其他各种运动，它们和电力有什么区别呢？假设这张桌子在移动——组成这张桌子的分子在朝着不同方向移动，如果它们都向着一个方向移动，就会产生电力。电子的运动使得一个物体的分子朝同一个方向移动。如果让房间中的所有空气分子都朝同一个方向移动，房间就会变成一块巨大的电池。我们还必须记住另一个生理学要点：调节呼吸系统的中枢，对神经流系统有一种控制作用。

现在我们来看看为什么要练习呼吸。首先，从有节律的呼吸中会产生出这样的趋势：身体内的所有分子都沿着同样的方向移动。当心灵转变成意志，神经流就会变成类似电力那样的运动，因为人们已经证明，在电流作用下，神经会表现出极性（polarity）。这表明，当意志被转化为神经流时，就会变成某种类似电力的东西。当身体的所有活动都变得完全有节律时，身体似乎就变成了巨大的意志电池。这种巨大的意志正是瑜伽士所期望的。这就是对呼吸练习的生理学解释。它倾向于在身体内产生出一种有节律的活动，帮助我们通过呼吸中枢来控制其他中枢。在此，调息的目的就是唤起海底轮中盘绕着的力量，也就是昆达里尼。

我们看到、想象到或梦到的一切，都必须在空间中被把握。这就是普通的空间，被称作"mahākāśa"或元素空间（elemental space）。当一位瑜伽士在阅读他人的思想或感知超感觉对象时，他会在另一种被称作"cittākāśa"的空间中看到它们，这就是心智空间（mental space）。当感知变得没有对象而灵魂在自己的本性中发出光芒时，这就被称作"cidākāśa"，也就是知识空间（knowledge space）。当昆达里尼被唤醒并进入中脉的通道时，所有感知就都发生在心智空间中。当到达向大脑伸展的通道末端时，无对象的感知就处于知识空间中。通过与电力的类比我们发现，人只能沿着导线发送电流[1]，可自然并不需要导线来发送自己巨大的电流。这证明导线并不是必须的，但我们受自身能力所限，不得不使用导线。

同样，身体的所有感觉和活动都通过作为导线的神经纤维被发送给大脑，相关的指令又从大脑那里发送出来。脊髓中的感觉和运动纤维柱就是瑜伽士的左脉和右脉。它们是电流传入和输出的主要渠道。但是，为什么心灵不能在没有导线的情况下发送信息，或者在没有导线的情况下做出反应呢？我们看到在自然中就可以这样。瑜伽士说，如果能做到这一点，你就摆脱了物质的束缚。怎样才能做到呢？如果能让神经流通过中脉，也就是脊柱中间的通道，你就解决了问题。心灵构造出神经系统的网络，我们必须打破它，让它在没有导线的情况下也能运转起来。只有这样，所有知识才会被获得，也不再有身体的束缚——这就是为什么掌控中脉如此重要。瑜伽士说，如果能够在没有神经纤维作为导线的情况下通过中空的管道发送神经流，问题就得到了解决，

1　辨喜的说法依据的是当时的科学技术条件，这方面的情况现在已经发生巨大变化，比如无线充电技术的出现。

而且这是可以做到的。

在普通人那里，中脉从下端开始就是闭合的，不可能有任何活动从中通过。瑜伽士采用一种练习，可以让它打开，让神经流从中通过。当一种感觉被传送到中枢时，中枢会做出反应。当中枢的运作是无意识的时候，这种反应就会直接产生出相应的活动；而当中枢的运作是有意识的时候，这种反应首先会产生出感知，然后才是活动。所有感知都是对外来作用的反应。那么，梦中的感知是如何产生的呢？做梦时可没有来自外部的作用。因此，感觉活动肯定盘绕在某个地方。例如，我看到一座城市，我对城市的感知，来自对构成那座城市的外部对象带来的感觉的反应。也就是说，大脑分子的特定活动，是由传入神经中的活动建立起来的，而这种活动又是由城市中的外部对象建立起来的。现在，即使在很久之后我也可以记住这座城市。这种记忆是完全同样的现象，只不过形式更温和。但是，在大脑中建立起相似却更温和的波动的那种活动来自哪里呢？当然不是来自原初的感觉。因此，一定是感觉盘绕在某个地方，它们通过自己的活动产生出温和的反应，这就是梦中的感知。

所有残留的感觉被储存起来的中枢就被称作海底轮，也就是根部的容器（root receptacle），而盘绕起来的能量就是昆达里尼，字面意思就是"盘绕起来的东西"。残留的活动能量很可能也被储存在同一个中枢，因为在对外部对象做出深入的研究和冥想后，海底轮所在的身体部位（可能是骶神经丛）会变得热起来。如果盘绕起来的能量被唤醒并变得活跃，有意识地沿着中脉

46

通道上行，作用在一个又一个中枢上，就会有巨大的反应涌起。当一小股这样的能量沿着神经纤维传播并引起中枢的反应时，产生的感知就是梦境或想象。但是，经过长时间的冥想练习，会有大量被储存起来的能量沿着中脉传播并刺激中枢，由此产生的反应是巨大的，极大地超出了梦境或想象这样的反应，比感知这样的反应还要强烈得多。这就是超感觉的感知（super-sensuous perception）。当它达到所有感觉的汇集地——大脑——时，整个大脑都会做出反应，结果就是到处都充满了光明，这就是对大我的感知。随着昆达里尼的力量在不同中枢之间移动，心灵一层层地打开，整个宇宙都在精微或原因[1]的形式中被瑜伽士感知到。只有这样，宇宙的原因才能被如实地知道，既是感觉又是反应，由此所有知识便都到来了。既然知道了原因，关于结果的知识就肯定会随之而来。

因此，昆达里尼的唤醒是获得神圣智慧、超意识感知和灵性亲证的唯一途径。这种唤醒可能以各种方式到来：通过对神的爱，通过完美智者的仁慈，或是通过哲学家分析问题的力量。在任何存在着所谓超自然力量或智慧的地方，都一定会有一小股昆达里尼找到了进入中脉的道路。只不过在绝大多数情况下，人们只是偶然发现一些练习，可以释放出一小部分盘绕着的昆达里尼。所有崇拜，无论是有意识的还是无意识的，都会导向这样的目标。一些人认为是自己的祈祷得到了回应，却并不知道这种成就其实

1　辨喜认为，原因是事物存在的精微形式，结果则是粗大形式。

来自自己的本性，他通过祈祷的态度唤起了自身之内盘绕着的一小部分无限力量。瑜伽士向全世界宣称，人们在各种名义下、出于恐惧和无知而崇拜着的东西，其实是盘绕在一切存在者中的真实力量，只要我们知道如何接近她，她就是永恒幸福之母。王瑜伽是宗教的科学，是所有崇拜、祈祷、形式、仪式和奇迹的基本原理。

第五章
对灵力生命气的控制

现在我们开始处理调息中的练习。我们已经看到，在瑜伽士看来，第一步是控制肺部的活动。我们想要做的是感受到身体内更精微的活动。我们的心灵已经变得外部化（externalised）了，失去了对内部精微活动的洞察力。如果能感觉到这些活动，我们就可以逐渐控制它们。这些神经流在全身运行着，把生命和活力带给每块肌肉，可我们并没有感受到它们。瑜伽士说，我们可以学着做到这一点。怎么做呢？通过调节和控制肺部的活动。当我们进行足够长的这种练习之后，就能够控制更精微的活动。

现在我们来练习调息。坐直，身体必须保持笔直的坐姿。脊髓虽然并不附着在脊柱上，却是在它之内的。如果坐得歪歪扭扭，就会扰乱脊髓。要让它保持舒适自在。只要你试图在冥想时坐得歪歪扭扭，就会给自己造成伤害。身体的三个部分——胸腔、脖子和头部——必须始终保持在一条直线上。你会发现，只需进行些许的练习，这些对你来说就会变得像呼吸一样轻松。第二件事情是控制神经。我们曾经说过，掌控呼吸器官的神经中枢对其他神经也有某种控制作用，因此，有节律的呼吸是必要的。我们通常所做的呼吸根本不能被称为呼吸，它是非常不规律的。男女之间有一些呼吸上的自然差异。

第一课只是以缓慢的方式吸气和呼气。这会让呼吸系统变得协调。在练习一段时间后，就可以很好地加入对"oṃ"[1]或其他神圣语词的重复。在印度，我们使用一些象征性的语词来代替一二三四这样的计数。这就是为什么我建议你们把在精神上对"oṃ"或其他神圣语词的重复加入到调息中来。让语词随着呼吸有节律地、和谐地流入和流出，然后你会发现整个身体也变得有节律了。接着你会了解到什么是放松。与这种放松相比，睡眠根本就不是放松。一旦这种放松出现，最疲倦的神经也会平静下来，而你会发现自己从未真正放松过。

这种练习的第一个效果可以通过一个人面部表情的改变被感知到：僵硬的线条消失了，他的思想会平静下来，平静会浮现在他的面孔上。接着出现的是美妙的声音。我从未见过哪个瑜伽士的声音是沙哑难听的。这些迹象会在几个月的练习之后出现。在练习上述呼吸方法一些天之后，你需要进行更高阶的练习。通过左脉——左鼻孔——缓慢吸气，把肺部充满，同时把注意力集中在神经流上。要把神经流沿着脊柱向下传送，猛烈地击打最后的

---

1 "oṃ"在印度传统中是最重要的一个词，被认为是宇宙中出现的第一个词，包含"a""u""m"三个音素，可以代表一切的声音现象。一般被简写为oṃ，在各种经文和唱诵中经常出现，在中国古代被译作"唵"。

神经丛，就是呈三角形的最底部的莲花，那是昆达里尼盘绕的地方。让神经流在那里停留一段时间。想象你正在通过另一侧的右脉缓慢地传送神经流，然后再缓慢地把它从右鼻孔呼出。这个练习可能有点难度。最简单的方法是用拇指压住右鼻孔，然后通过左鼻孔缓慢地吸气；接着用拇指和食指[1]把两个鼻孔都压住，想象你在把神经流向下传送，击打中脉的底部；接着把手指移开，通过右鼻孔把气呼出去。随后，通过右鼻孔缓慢吸气，同时用手指压住左鼻孔，再像上次那样把两个鼻孔都压住。对这个国家的人来说，印度人的这种练习可能显得很困难，毕竟他们从小就在做这样的练习，肺部早就适应了。最好是从四秒钟开始，再慢慢增加。用四秒钟来吸气，屏息十六秒，再用八秒钟呼气。这构成了一次调息练习。在练习的同时，要想到底部三角形的莲花，把注意力集中在那个中枢上。这种想象可以给你带来极大的帮助。另一种练习是，在呼吸时，首先缓慢地吸气，紧接着就缓慢地呼出，然后再停止呼气，这一切要按照同样的比例来做。唯一的区别是：在第一种练习中，屏息发生在吸气之后，而在第二种练习中，屏息发生在呼气之后。[2]后者要更容易一些。把气息保持在肺部的呼吸练习一定不能过度。一开始早上做四次，晚上做四次，这就够了。然后可以慢慢增加呼吸的时间和练习的次数。你会发

1　实际上一般使用拇指和无名指来按压鼻孔。

2　前一种练习被称作内屏息（antara kumbhaka），后一种则被称作外屏息（bāhya kumbhaka）。屏息是高阶的练习，需要有牢固的调息（呼吸控制法）基础，并且在有资质的老师的带领下进行，请勿轻易模仿。

现自己能够做到这些，并对此感到高兴。在感到你能做到这些时，可以把练习从四次增加到六次，但一定要非常小心谨慎。如果练习不规律，你就可能伤害到自己。

在上述三种净化神经的练习中，第一种和最后一种既不困难也不危险。越多地进行第一种练习，你就会变得越平静。只要想着 oṃ，哪怕坐在办公室里也可以进行练习。你会因此变得更好。如果你努力练习的话，有朝一日昆达里尼会被唤醒。每天练习一两次的人，会获得些许身心的平静和美妙的声音。只有能够继续精进的人才能唤起昆达里尼，而整个自然都会开始改变，知识之书将会打开。不再需要书本来获得知识，你的心灵就会变成包含无限知识的书本。我已经说过，左脉和右脉的神经流可以通过脊柱的两侧流动，也可以通过中脉、通过脊髓中心的通道流动。这三种方式存在于所有动物身上，任何拥有脊柱的存在物都拥有这三条线路。但瑜伽士声称，在一个普通人那里，中脉是闭合的，它的作用并不明显，而另外两条线路的作用是把力量传递到身体的各个部位。

只有瑜伽士的中脉是打开的。当中脉的神经流打开并开始上升时，我们就超越了感觉，我们的心灵会变成超感觉、超意识的——我们甚至超越了理智，达到理性无法达到的地方。打开中脉是瑜伽士的首要任务。根据瑜伽士的说法，沿着中脉分布着一些中枢，他们用象征性的语言称之为莲花。最底部的中枢位于脊髓最下端，被称作海底轮，在其上部的是腹轮（svādhiṣṭhāna），第三是脐轮，第四是心轮（anāhata），第五是喉轮（viśuddha），第六是眉心轮（ājñā），最后是位于大脑中的顶轮，或者说"千瓣"（the thousand-petalled）。我们只需知道其中的两个：最底部的海底轮和最上部的顶轮。所有能量必须从海底轮中上升，到顶轮那里去。瑜伽士声称，人体所有能量中最高级的能量被称作"活力素"（ojas）。活力素被储存在大脑中，如果在一个人头部有越多的活力素，他就会越有力量、越有知识、在灵性上越强大。一个人可能会说出优美的语言、宣讲优美的思想，但这些并不能给人留下深刻的印象。另一个人既不说优美的语言，也不宣讲优美的思想，他的话语却充满魅力，他的每个动作都是有力的，这就是活力素的力量。

每个人身上都或多或少存储着这种活力素。在身体里起作用的所有力，在其最高形式中都会变成活力素。你们一定要记住，这只是转化的问题。在外部作为电力或磁力而起作用的力，会转变为内部的力；而同样的、作为肌肉能量起作用的力，会转变为活力素。瑜伽士说，人类能量中的一部分被表达为性方面的能量，如果这些能得到控制和掌控，就会很容易转化为活力素。由于海底轮引导着这些能量，所以瑜伽士尤其重视这个中枢。瑜伽士试图掌控所有性方面的能量，并将其转化为活力素。只有贞洁的男女才能使活力素上升并储存在大脑中，这就是为什么贞洁被认为是最高级的美德。人们会感到，如果自己放荡不羁，灵性就会消失，自己就会失去精神上的活力和道德上的毅力。这就是为什么在世上所有造就了灵性巨人的宗教中，总是存在着对绝对贞洁的坚持，这就是为什么放弃婚姻的僧侣会存在。在思想、言语和行为上都必须保持完美的贞洁，否则王瑜伽的练习会变得很危险，甚至可能导致精神错乱。一个在练习王瑜伽的同时又过着不纯洁生活的人怎么可能成为瑜伽士呢？

第六章
制感与专注

　　下一步就是制感。制感是什么呢？你们已经知道感知是如何产生的。首先是外部工具，然后是通过大脑中枢在身体内起作用的内部器官，接着是心灵。当这些汇集在一起并把自己附着在某个外部对象上时，我们就会感知到那个对象。与此同时，让心灵仅仅专注于一个器官是非常困难的。无法专注的心灵只是奴隶。

　　我们听到全世界都在教导说"要成为好人""要成为好人"。在任何国家，几乎没有孩子在出生之后不会接受这样的教导："不要偷盗""不要说谎"；但没有人告诉孩子们该如何做到这些。空谈是没有帮助的。他为什么不应该成为小偷？我们并不教导他如何不去偷盗，我们只是告诉他"不要偷盗"。只有当我们教给他如何控制自己的心灵时，才真的是在帮助他。当心灵把自己与特定的中枢——也就是通常所说的器官——关联在一起时，所有内部和外部的活动才会发生。心灵自愿或非自愿地把自己与这些中枢关联起来，这就是为什么人们会做出愚蠢的行为并感到痛苦；如果心灵是受控制的，这样的事情就不会发生。控制心灵会带来怎样的结果？它不会把自身与感知中枢关联起来，感觉和意愿就自然会得到控制。到目前为止这是清楚的。人们可能做到这些吗？当然是完全可能的。在现代你们可以看到这一点，比如实施信仰疗法的人教人们去否认苦难、痛苦和邪恶。他们的哲学是迂回式的，但这其实是瑜伽的一部分，是他们偶然发现的。当通过否认痛苦而成功地让人摆脱痛苦时，他们是使用了制感的一部分，使人的心灵强大到足以忽视这些感觉。催眠师以类似的、催眠暗示的方式在患者身上暂时唤起一种病态的制感。所谓的催眠暗示只能对软弱的心灵起作用。除非操作者通过固定的凝视或其他手段成功地让被催眠者的心灵处于一种被动的、病态的状态，否则这种暗示就不会起作用。

现在，临时建立起的对被催眠的病人或接受信仰疗法的病人的中枢的掌控是受到谴责的，因为这最终会导致毁灭。这并不是通过自己的意志对大脑中枢做出的真正控制，而是来自另一个人意志的突然击打造成的病人心灵的暂时迷失。这不是通过缰绳或肌肉力量来掌控一匹烈马，而是让人对马头给出一记重击而让马暂时变得温和。在这个过程的每个阶段，被操纵的人都会失去自己的一部分精神力量，直到最后，心灵非但没有获得完美的控制力，反而变成了无形、无力的东西，而病人的唯一归宿恐怕就是精神病院了。

任何非自愿的、不是出于控制者自己心灵的控制，不仅注定会失败，而且是灾难性的。每个灵魂的目标都是自由和驾驭——

摆脱物质和思想的奴役而得到自由，驾驭外在和内在的自然。任何不导向这些的、来自他者的意志之流（will-current），无论其形式是什么——是直接控制器官还是在病态的条件下强行掌控它们——都只是在已经存在的沉重锁链上再加上过去的思想和迷信构成的束缚。因此，要小心自己是否受到他人的影响，也要小心自己是否在不知不觉中给另一个人带来毁灭。的确，有些人通过给自己的癖好添加新的要素，一时间成功地为很多人做了好事。但与此同时，他们又通过无意识的暗示而给周围无数人带来了毁灭，在男男女女中激起了病态、消极、催眠式的东西，使他们最终几乎丧失了灵魂。因此，如果有任何人要求他人去盲目地相信，或是用自己更高级意志的控制力在背后拖拽他人，他就对人类造成了伤害，尽管这可能并不是他的本意。

所以，要用自己的心灵，要自己控制身心。要记住：除非你生病了，否则没有任何外来的意志会对你起作用。如果一个人要你去盲目地相信，无论他多么伟大、善良，都要避开他。全世界都有唱唱跳跳、不停咆哮的教派，当他们开始唱歌、跳舞、传教时，就会像传染病一样传播开。这些人其实是一种催眠师，他们可以暂时对那些敏感的人做出异常的控制。我的天啊！从长远来看，这会让整个种族退化。对于个人或种族来说，就算是保持邪恶，也好过借助这些病态的外部控制而在表面上变好。我们记得这些不负责任却看上去心怀善意的宗教狂热分子对人类造成的巨大伤害。他们几乎不知道，在他们的暗示下、通过音乐和祈祷而使心灵达到的突然的灵性剧变，只会使人们变得消极、病态和无力，并且对所有其他邪恶的暗示都毫无防备。这些无知的、被欺骗的人还为自己那种改变人心的神奇力量沾沾自喜，认为这种力量是云端之上的某个存在者倾注在自己身上的。可他们其实是在撒播衰败、犯罪、疯狂和死亡的种子。因此，要小心一切剥夺你自由的东西。要知道那是危险的，要尽自己所能去避免。

成功地让心灵可以依据自己的意志要么附着要么离开这些中枢的人，就在制感上取得了成功。制感的意思就是"集中起来"，控制住心灵向外的力量，让它从感官的奴役下解脱出来。当能够做到这一点时，我们就会真正拥有品格；只有这样，我们才能朝着自由迈出一大步；在此之前，我们不过是机器。

控制心灵多么难啊！我们可以把心灵跟发疯的猴子相提并论。有一只猴子由于自己的本性而躁动不安，就像所有猴子那样。这还不够，有人还让它随意饮酒，让它变得更加躁动。然后还有一只蝎子蜇了它。当人被蝎子蜇了的时候，可能会跳上一整天，而那只可怜的猴子的情况还要更糟糕。为了让它的痛苦变得极致，我们还假定有一只恶魔进入它体内。有什么语言可以描述这只猴子不受控制的躁动吗？人类的心灵就像是那样一只猴子：由于自身的本性不断活动，然后又被欲望的酒灌醉了，变得更加骚动不安；在欲望占据它之后，蝎子——对他人成功的嫉妒——又蜇了它；最后，骄傲的恶魔会进入心灵，让它认为自己是最重要的。这样的心灵是多么难以控制啊！

所以，我们的第一课就是坐上一段时间，让心灵继续运行。心灵一直在冒泡。它就像那只跳来跳去的猴子。让猴子尽情地跳吧；你们只需等在那里观看就可以了。俗话说，知识就是力量；的确如此。除非知道心灵在做什么，否则你是无法控制它的。给它套上缰绳，看看有多少可怕的想法发生在那里，你会惊讶于自己竟然能想到这些东西。但你也会发现，心灵中的异想天开变得越来越不剧烈，每一天它都变得愈加平静。在最初的几个月，你会发现心灵中有非常多的想法，随后有所减少，在接下来的几个月则变得越来越少，直到最后，心灵会处于完全的控制之下。但我们必须每天都耐心地练习。蒸汽一旦被开启，引擎就一定会运转起来；同样，事物一旦出现在我们眼前，我们就一定会感知到它们。所以，要证明一个人并不是机器，就必须表明他不受任何东西的控制。控制心灵、不让它与任何中枢产生关联，这就是制感。怎么练习制感呢？这是一项艰巨的任务，绝非一日之功。只有在多年耐心、持续的努力之后才能成功。

在练习一段时间的制感后，就要进入下一步，也就是专注：让心灵集中在某些特定的点上。这是什么意思呢？要迫使心灵去感受身体的某些部分而排斥其他部分。例如，试着只去感受手，同时不去感受身体的其他部分。当心质（citta）或心灵材料（mind-stuff）被限制在一个特定的地方时，就是专注。专注有很多种，在练习它的时候，最好加入一些想象力。例如，心灵应该去思考心脏中的一个点。这是很难的，一种更简单的方法是想象那里有一朵莲花，充满了灿烂的光辉。让心灵专注在那里。或者想象大脑中有充满了光辉的莲花，或者想象之前提到的不同脉轮。

瑜伽士必须始终坚持练习。他应该尝试独居，因为不同种类的人住在一起会让心灵变得分散。他不应该多说话，因为说话会让心灵变得分散。不要工作太多，因为太多的工作也会让心灵变得分散，在经过一整天的辛苦工作后，心灵会变得难以控制。遵守上述规则的人会成为瑜伽士。这就是瑜伽的力量，即使是最少量的瑜伽也会带来很多益处。它不会伤害任何人，却会让每个人受益。首先，它会缓和紧张兴奋，带来平静，让我们能更清楚地看到事物，性情与健康状况都会变得更好。牢固的健康将是第一个标志，还有优美的声音。声音中的缺陷会被改变，这会是众多结果中的第一个。那些努力实践的人身上还会出现许多其他迹象。有时会有声音出现，就像远处传来的响亮铃声，这些声音混合在一起，作为连续的声音进入练习者的耳朵。有时会看到一些东西，比如微小的光斑在飘浮着，变得越来越大。当这些迹象出现时，你就知道自己在很快地进步。

那些想成为瑜伽士并努力练习的人，首先必须留心自己的饮食。对于那些只是在日常进行少量练习的人，不要让他们吃得太多，否则他们就会随心所欲地大吃起来。对于那些想取得快速进步而努力练习的人，严格的节食是绝对必要的。他们会发现，只靠牛奶和谷物生活几个月是非常好的。随着练习变得越来越精微，他们会发现最低限度的不规律也会让人失去平衡。一点食物也会或多或少地扰乱整个系统，除非一个人已经实现了完全的控制，然后才能吃任何自己喜欢的东西。

当一个人开始集中注意力时，一根针掉落的声音听上去也会如同穿过大脑的雷电。随着器官变得更精微，感知也会变得更精微。这些是我们必须经历的阶段，所有坚持不懈的人都会成功。放弃一切争论和干扰吧。在枯燥的学术黑话中难道有什么有价值的东西吗？这些东西只会使心灵失去平衡并受到扰乱。必须亲证更精致层面上的事情。空洞的谈论能做到这一点吗？所以要放弃所有空洞的谈论，只阅读那些已经亲证了的人写的书。

要像珍珠贝那样。有一则很有意思的印度寓言，大意是：当牧夫座大角星位于上升点[1]时，如果下雨时一滴雨落进了珍珠贝（oyster）里，那滴雨就会变成珍珠。珍珠贝知道这一点，所以在那颗星星闪现时，它们就会浮上水面，等待接受珍贵的雨滴。当雨滴落入它们中时，珍珠贝就会迅速合上贝壳并潜入海底，在那里耐心等待水滴变成珍珠。我们也应该这样做。首先倾听，然后理解，接着摆脱所有干扰，让心灵不受任何外部影响，专心于发展内在的真理。我们可能先是被一个新奇的观念吸引，然后又丢掉它而被另一个更新奇的观念吸引，从而浪费自己的精力，这是很危险的。要关注一个事物，看到它的结局，在此之前不要放弃。只有对一个观念全神贯注的人才会看到光明。那些东一榔头西一棒槌的人可能会一时让自己的神经兴奋起来，但也就不过如此了。他们会成为大自然手中的奴隶，永远无法超越感官。

真正想成为瑜伽士的人必须彻底放弃这种狗熊掰玉米的方式，专注于一个观念，让那个观念成为你的生命——思考它、梦

1　"牧夫座大角星"原文为"svāti"，在印度占星术中是二十七宿中的第十五个，象征创造力、智慧和自由。这里按照和现代天文学的对应关系译作"牧夫座大角星"。"上升点"系占星术术语，在印度和西方占星术中均指星盘上东方地平线所对的位置。

到它、以它为食。让大脑、肌肉、神经和身体的每个部分都充满那个观念，同时抛开任何其他的观念。这就是成功之路，这就是伟大的灵性巨人产生的方式。其他的方法都不过是夸夸其谈。如果我们真想得到福佑、也使他人得到福佑，就必须更加深入。第一步是不要扰乱心灵，不要与那些带着扰乱性观念的人交往。你们都知道，某些人、某些地方、某些事物是让你厌恶的，要避开它们。而那些想达到最高层次的人必须避开所有同伴，无论好坏。要努力练习，无论你是死是活，都没有关系。你们必须投身行动而又不执着于行动的结果。如果足够勇敢，六个月之内你就会成为完美的瑜伽士。但那些对瑜伽和所有其他东西都浅尝辄止的人，不会取得任何进步。简单地上一些课程是毫无用处的。对于那些充满了惰性、无知和愚钝的人来说——他们的心灵从来无法专注在任何一个观念上，只渴求娱乐消遣——宗教和哲学不过是娱乐的对象。这些人是没有任何毅力的。他们听到一段话，觉得很好，可一回到家就把它抛到九霄云外去了。为了成功，你必须具备巨大的毅力和意志力。有毅力的灵魂会说："我要喝干大海，在我的意志面前，高山也会崩溃。"要拥有那样的能量和意志，努力行动，这样就可以达到目标。

第七章
冥想与三摩地

  我们已经粗略看过了王瑜伽的不同步骤，但还没有讨论王瑜伽的目标——更精微的专注训练。我们看到，作为人类，一切所谓理性知识都指向意识。我关于这张桌子的意识、我关于你们存在的意识，让我知道桌子和你们在这里。与此同时，我的存在的相当大的一部分是我没有意识到的。身体内所有不同的器官、大脑的不同部分——没有人意识到这些。

  在吃饭时，我是有意识的；在进行消化时，我则是无意识的；在食物被制造成血液时，我也是无意识的；身体的不同部分从血液中得到增强，这也是无意识地发生的。但是我正在做着这一切，而在同一具身体内不可能有二十个人。我怎么知道是自己而不是别人在做这些？有人可能主张说，我的任务只是吃和消化食物，而通过食物增强身体则是由另外什么东西为我而做的。但这是不可能的，因为可以证明，我们现在无意识地做出的行动，几乎都可以被带到意识的层面上。心脏显然在不受我们掌控的情况下跳动。我们都无法控制心脏，它自己在跳动着。但通过练习，人们是可以掌控心脏的，直到它根据我们的意愿或慢或快地跳动，甚至可以停止。身体的每个部分几乎都可以处于我们的掌控之下。这表明什么？这表明，在意识之下进行的活动，也是由我们自己进行的，只不过我们是在无意识地这样做罢了。这样一来，我们就拥有了人们心灵运作的两个层面。首先是意识层面，在其中，所有运作总是伴随着对自我性（egoism）的感觉。接下来是无意识的层面，其中的所有运作中都不包含对自我性的感觉。心灵运作中，不伴有对自我性的感觉的部分就是无意识的运作，而与伴有对自我性的感觉的部分则是有意识的运作。在较低级的动物那里，无意识的运作被称为本能。在较高级的动物以及最高级的动物——人类——那里，有意识的运作占据着主导地位。

但不止如此，还有一个心灵可以运作的更高级的层面。它可以超越意识。正如无意识的运作发生在意识之下一样，还有另一种运作发生在意识之上，而且也并不伴随着对自我性的感觉。我们的感觉只在中间层面上存在，当心灵处于中间层面之下或之上时，就没有关于"我"的感觉，但心灵还在运作。当心灵超越了自我意识的层面时，就被称为三摩地或超意识。例如，我们如何知道一个处于三摩地之中的人并没有处于意识之下、并没有衰退，而是变得更高级？毕竟在这两种情形下，运作中都没有自我性。答案就是：我们通过运作的效果、结果而知道哪种状态是在意识之下、哪种状态是在意识之上。当进入深度睡眠时，一个人就进入了意识之下的层面。他一直让身体运作，他在呼吸，或许还在睡眠中移动身体，而并不伴有任何对自我（ego）的感觉。他是无意识的，当从睡眠中醒来，他还是入睡之前的那个人。他入睡前后的知识总和仍然不变，完全没有增加，也没有什么启示出现。而当一个人能够进入三摩地时，如果他此前是个愚夫，在走出三摩地后就可能成为智者。

是什么造成了这些差别？人们从一种状态中出来后，与进入那种状态前别无二致；而从另一种状态中出来后，则会获得启示，成为智者、先知、圣徒，整个性格、生命都改变了，充满了光明。这是两种不同的结果。既然结果不同，原因肯定也不同。一个人从三摩地中获得的光明，比从无意识中获得的光明高级得多，也比从有意识的推理中获得的光明高级得多。因此，他所处的一定是一种超意识，那就是三摩地。

简言之，这就是三摩地的观念。它的用途是什么呢？理性的领域或心灵有意识地运作的领域是狭隘而有限的。人的理性只能在一个狭小的范围内运行，不能超越它，每次超越的尝试都是不可能的。但这个范围之外，却有着人类拥有的所有最珍贵的东西。是否存在着一个不朽的灵魂，神是否存在，是否有指导着这个宇宙的至高无上的智能——所有这些问题都超越了理性的领域。理性永远无法回答它们。理性会说些什么呢？它会说："我持不可知论，不知道是还是不是。"但这些问题对我们来说却如此重要。如果没有关于它们的恰当解答，人类的生命就会变得毫无目的。一切伦理学理论、道德态度和人类本性中善良伟大的东西，都是由来自那个范围之外的答案塑造的。因此，获得关于这些问题的答案是非常重要的。如果生命只是一场短暂的游戏，如果宇宙不过是"原子的意外组合"，我为什么还要对他人行善呢？为什么应该有怜悯、正义或同情？还是"各人自扫门前雪，休管他人瓦上霜"好了。如果不存在希望，我为什么还要爱自己的兄弟，而不是把他割喉呢？如果不存在超越性的东西，如果不存在自由，只有僵硬死板的法则，我就应该只是尝试让自己开心。今天有些人说，道德的基础是功利主义[1]。这个基础是什么呢？就是获得最大多数人的最大数量上的幸福。可我为什么要这样做？如果给最大多数人带来最严重的不幸会符合我的目的，我为什么不应该这么干呢？功利主义者会如何回答这个问题？他们怎么知道何为对错？我对幸福的渴求推动着我，我要满足它，这就是我的本性，我不知道任何超越于这之上的东西。我拥有这些欲望，必须满足它们，对此你有什么好抱怨的呢？人类生命、道德、不朽的灵魂、神、爱、同情、善良和无私，一切关于这些的真理来自哪里呢？

所有道德伦理、所有人类的行为和思想都依赖于无私的观念。人类生命的全部观念都可以用一个词概括：无私。我们为什么要无私？无私的必要性和力量来自哪里？你说自己是个理性的人，一位功利主义者，可如果无法从功利的角度给出理由，我

1　功利主义（Utilitarianism）也被译作效益主义、功效主义，是一种伦理学主张，认为评判一种行为之好坏的标准在于其是否有助于带来幸福。功利主义者通常以所有人幸福或福祉的最大化为目的，代表人物有杰里米·边沁（Jeremy Bentham, 1748—1832）、约翰·斯图尔特·密尔（John Stuart Mill, 1806—1873）等。

就会说你其实是非理性的。请向我给出不应该自私的理由。要求一个人无私，这可能像诗歌一样美好，可诗歌并不是理由。请给出一个理由。我为什么要无私，为什么要善良？因为某某先生或某某女士这样说吗？这对我来说可没什么说服力。无私会带来什么功利？如果功利的意思就是最大数量上的幸福，那么对我来说，功利就意味着我应该自私。答案究竟是什么？功利主义者是无法给出的。真正的答案是：这个世界只是无限海洋中的一滴水滴，无限链条中的一环。那些宣扬无私并向人类教导无私的人，从哪里获得了这种观念？我们知道，这不可能来自本能，因为拥有本能的动物并不知道这种观念。也不可能来自理性，因为理性对这些观念一无所知。那么它们是从哪里来的呢？

在学习历史时我们发现，在世上所有伟大的宗教导师那里都存在着同一个事实：他们都声称自己的真理是从超越性的地方获得的；只不过其中很多人并不知道这究竟指的是哪里。例如，有人说长着翅膀的天使以人形降下，对他说道："听着，人类，这就是信息。"另一个人说来的是浑身发光的天神。还有人说自己梦到祖先到来并告诉自己某些事情，在这之外他就什么都不知道了。但共同之处在于：他们都声称这种知识来自超越性的地方，而不是通过推理能力得到的。瑜伽科学的教导是什么？它教导说：这些人说知识来自超越于理性之上的地方，这是正确的；但更准确地说，这些知识其实来自他们自己之内。

瑜伽士教导说，心灵自身就具有超越于理性之上的更高级的存在状态，那是超意识的状态，当心灵达到这种状态时，超越于理性之上的知识就会到来，形而上学和先验的[1]知识就会浮现在那个人心中。这种超越理性、超越普通人类本性的状态，有时可能会偶然地降临在一个不理解其原理的人那里，于是他就偶然发现了它。这时，他通常会把它解释为是来自外部的。这就说明了为什么不同的灵感、先验知识本是相同的，但在第一个国家是通过天使、在第二个国家是通过天神、在第三个国家是通过神而获得的。这意味着什么呢？意味着：心灵通过自身的本性带来了知识，而对这种知识的解释却取决于发现者的信念和所受的教育。真实的情况是：各种不同的人偶然发现了这种超意识状态。

瑜伽士说，如果是偶然获得这样的状态，其中就会有很大的危险。很多时候都会有大脑失常的危险，而通常你们会发现，所有偶然发现这种超意识状态而并不理解它的人，无论多么伟大，都不得不在黑暗中摸索，而且他们的知识中通常都包含着某些稀奇古怪的迷信。他们对幻觉敞开了心扉。……通过了解一些伟大导师的生涯，我们可以看到其中的危险。但我们同时发现，他们的确都得到了启示。当一位先知通过提升自己在情感方面的本性而进入那种超意识状态时，就不仅会带来真理，而且会带来某种狂热主义和迷信，这些东西带给世界的伤害与他的伟大教导带来

1　"先验的"（transcendental）是来自康德的术语，指的是使经验得以可能的东西。辨喜这里把它和形而上学并提，应该是借助了它"先于经验"的含义。但从康德对术语的使用来看，辨喜在此讨论的东西需要受到经验的限定才能成为知识，其实是属于"超验的"（transcendent）领域的，即超出经验之外、不可能被认知的领域。辨喜则认为这些是完全超越于经验甚至理性之上的，不应该受到经验和理性法则的束缚。这种差异体现了西方哲学家与吠檀多主义者在一些根本问题上的分歧。

的帮助一样多。为了找出人类生命中大量不协调之处的原因，我们必须超越自己的理性，但这种超越必须科学地、缓慢地通过规律的练习来进行，而且必须抛弃所有迷信。我们必须像对待任何其他科学一样进行对超意识状态的研究。这必须建立在理性的基础上，必须遵循理性的引导，而当理性不起作用时，它自身就会向我们指出通向最高级层面的道路。如果你们听到一个人说"我得到了启示"，却发现他的谈论毫无理性可言，那么请拒绝他。为什么呢？因为这三种状态——本能、理性和超意识，或者说无意识、意识和超意识——都属于同一个心灵。在一个人之内并不是有三个不同的心灵，但心灵的一种状态会发展成另一种状态。本能发展成理性，理性发展成先验意识。因此，没有一种状态会与其他状态相矛盾。真正的灵感并不与理性相矛盾，而是会成全它。正如你们发现伟大的先知说："我来不是要废掉，乃是要成全。"[1]所以灵感是来成全理性的，是与理性相和谐的。

瑜伽所有不同的阶段都旨在把我们科学地带向超意识状态，或者说三摩地。此外，还有一个最关键的要点需要理解：灵感在每个人的本性中都是一样的，在古代的先知那里也是一样的。这些先知并不是独特的，他们是和你我一样的人。他们是伟大的瑜伽士，获得了这种超意识，而你我也可以获得同样的超意识。他们并不是特殊的人。既然一个人曾经达到过那样的状态，这个事实本身就证明每个人都可以达到那样的状态。这不仅是可能的，

---

1 《新约·马太福音》5. 17。

而且每个人最终都一定会达到那样的状态，而那就是宗教。经验是我们所拥有的唯一的老师。我们可能终其一生都陷在空谈和推理中，但除非自己经验到，否则我们就不会理解一条真理。我们不可能仅仅给一个人几本书就让他成为外科医生，也不可能仅仅给一个人展示一幅地图就满足他对一个国家的好奇心。人们必须拥有实际的经验。地图只能引起我们去获得更完美知识的好奇心，除此之外，它们就毫无价值了。执着于书本只会让人的心灵衰退。如果有人说，所有关于神的知识都被限定在某本书里，那么还有什么比这更严重的渎神呢？人们说神是无限的，却又把祂限定在一本小书的封皮内，这可真是胆大包天啊！无数人因为不相信某本书里的说法、没有在某本书里看到关于神的所有知识而被杀。当然，这种杀戮和谋杀已成为过去，但这个世界仍然被对书本的信念牢牢束缚着。

为了以科学的方式达到这种超意识状态，我所教授的王瑜伽的各个阶段都是必要的。在制感和专注之后，我们就来到了冥想。当心灵经过训练能保持固定在一个特定的内部或外部的位置上时，在不断涌向那个点的神经流中就会有流动的力量出现。这种状态被称作冥想。一个人可以增强冥想的力量，使得自己能够拒斥感知的外在部分而只冥想其内在部分，这样的状态就是三摩地。这三者——专注、冥想、三摩地——被合称为总御（saṃyama）。如果心灵能够首先专注在一个对象上，然后让这种专注保持一段时间，再通过持续的专注只停留在感知——对象是这种感知的结果——的内在部分上，一切就都会处于它的掌控之下。

这种冥想的状态就是最高级的存在状态。只要欲望还存在，真正的幸福就不会出现。只有经过沉思的、亲眼所见的关于对象的研究，才会带给我们真正的愉悦和幸福。动物在感官中拥有幸福，人类在理智中拥有幸福，甚至在灵性的沉思（contemplation）中拥有幸福。只有灵魂达到了这种沉思的状态，世界才会真正变得美丽。对于一个不渴求任何东西、不把自己与任何东西混为一谈的人来说，多变的自然就是一幅美丽崇高的全景图。

这些观念必须在冥想中被理解。例如，我们听到一个声音。首先，存在着外部的振动；然后，神经活动把那种振动传递给心灵；接着，从心灵中产生出反应，还伴随着关于对象——这个对象是从以太振动到心智反应的各种变化的外部原因——的知识的闪现。这三者在瑜伽中被称作声音（śabda）、意义（artha）和知识（jñāna）。在物理学和生理学中，它们被称作以太振动、神经及大脑中的活动、心智反应。尽管是不同的过程，它们却混合在一起，变得难以区分了。事实上，我们现在无法感知到其中的任何一个，只能感知到它们结合在一起的结果，也就是外部对象。每个感知活动都包含了这三者，而我们没有理由不能把它们区分开。

通过之前的准备，当心灵变得有力、受到掌控、拥有更精微的感知力时，就应该被运用于冥想。这种冥想必须从粗大的对象开始，慢慢上升到越来越精微的对象，直到变得没有对象。心灵首先应该被用来感知感觉的外部原因，然后是内部的活动，接着是自己的反应。当成功地自己感知到感觉的外部原因时，心灵就会获得感知所有精微的物质存在、精微的形体和形式的能力。当成功地感知到内部的活动时，它就会获得对所有精神波动——无论是它自身的还是其他心灵的——的掌控，甚至在这些波动转化为物质能量之前就掌控住它们。当它能够感知到心智反应时，瑜伽士就将获得关于一切的知识，因为所有可感对象和思想都是这种反应的结果。然后他就会看到自己心灵的基础，而这会完全处于他的掌控之下。瑜伽士会获得各种不同的能力，可如果他屈服于其中任何一种能力的诱惑，继续进步的道路就会关闭。这是追求愉悦的罪恶。如果他强大到足以拒斥这些奇迹般的能力，就会实现瑜伽士的目标——完全抑制心灵这片海洋中的波浪。然后，灵魂的荣耀不会再被心灵的散乱或身体的活动扰乱，将完全散发出自身的光芒。瑜伽士会发现自己现在是而且一直是知识的本质，是不朽的、无处不在的。

三摩地是每个人类——不，是每个动物——的属性。从最低级的动物到最高级的天使，在这个时刻或那个时刻，每个存在者都能够进入那种状态，也只有在那时，真正的宗教才会向他敞开。在那之前，我们只是在向那个目标努力前进。现在的我们与没有任何宗教信仰的人并无区别，因为我们还没有获得那种经验。除了让我们获得那种经验，专注还会有什么好处呢？通向三摩地的每个步骤都被推理出来了，得到了合适的调节，被科学地加以组织。如果能够忠实地加以实践，我们就会被带到自己渴望的终点。那时，所有悲伤都会停止，所有苦难都会消失，行动的种子会被烧焦，灵魂将永远自由。

第八章
王瑜伽概要 [1]

瑜伽之火会烧掉囚禁着一个人的罪恶的囚笼。知识会变得纯洁,涅槃可以直接达到。知识从瑜伽中来,也一再地帮助瑜伽士。把自己同瑜伽和知识结合起来的人,会令万物之主满意。我们要把每天一次、两次、三次或一直练习至上瑜伽(mahāyoga)的人当作神祇。瑜伽分为两个部分,一是空无瑜伽(abhāva),二是至上瑜伽。[2] 一个人的自我被冥想为零、完全没有任何性质,就是空无瑜伽;一个人看到自己充满福佑、所有不纯洁的东西都消失、与神合而为一,就是至上瑜伽。每个瑜伽士都要亲证自己的大我。我们读到过或听说过的其他瑜伽,并不应该与杰出的至

---

1 《辨喜全集》中在本章正文前还有一句话:"以下是对王瑜伽的总结,翻译自《龟往世书》(*Kūrma Purāṇa*)",但不清楚这句话指的具体是哪些内容。

2 辨喜在此谈论的只是一种划分的方式,强调的是两种不同的思路或方向。在《业瑜伽》的"自由"一章中,他提到了瑜伽有否定和肯定两种方式,分别类似于这里说到的空无瑜伽和至上瑜伽。"abhāva"的本意是空无、空寂,此处为了翻译的一致,译为"空无瑜伽"。

上瑜伽相提并论，在至上瑜伽中，瑜伽士发现自己和整个宇宙都是神，这才是所有瑜伽中最高的。

持戒、内制、坐姿、调息、制感、专注、冥想和三摩地是王瑜伽的步骤；其中，不伤害（non-injury）、诚实[1]、不贪婪（non-covetousness）、贞洁（chastity）、不从他人那里接受任何东西[2]，这被称作持戒。这会净化心灵，也就是心质。永远不要通过思想、语词和行为给任何存活的东西造成任何痛苦，这就是不伤害（ahiṃsā）。没有比不去伤害更高级的德性了，对所有被造物都采取不冒犯的态度，由此获得的幸福是最高的。通过诚实，我们获得了行动的果实；通过诚实，一切都可以被获得；在诚实中，一切都已被建立；把事实如其所是地关联起来——这就是诚实。不通过偷窃或暴力夺走别人的东西，这就是不偷盗（asteya），也就是不贪婪。在所有情况下都保持思想、言语和行为上的贞洁，这被称为梵行（brahmacarya）[3]。即使在痛苦不堪时也不要从任何人那里接受任何施舍，这就是不执取（aparigraha），这种观念说：如果一个人从别人那里接受施舍，他的心就会变得不纯洁，他会变得低级、失去自己的独立性、变得受束缚和执着。

---

1 原文为"truthfulness"或"truth"，包含真诚、真理、真实等含义。这里和随后《瑜伽经》的翻译保持一致，译为诚实。

2 这里说的持戒的五项内容和耆那教的五大誓言一致，也是在印度普遍被接受的伦理和宗教观念。

3 印度教、佛教、耆那教等都使用"梵行"一词，字面意思指与梵一致、导向梵的行为，狭义的"梵行"则主要指保持贞洁或禁欲。婆罗门教主张的人生四阶段的第一个就是"梵行期"，指在二十五岁之前要保持严格的独身，离开父母并在森林中向老师学习吠陀和瑜伽。"梵行"在佛教中指清净的、值得称赞的行为，在耆那教中主要指禁欲。

接下来的方法会帮助人们取得瑜伽上的成功，被称作内制，也就是平常的习惯和要遵行的规则。它们包括：苦行（tapas/ austerity）、诵习（svādhyāya/ study）、知足（saṃtoṣa/ contentment）、纯净（śauca/ purity）、敬仰自在天[1]（īśvarapraṇidhāna/ worshipping God）。斋戒或以其他方式驾驭身体，这被称作身体上的苦行。重复吠陀或其他真言（mantra），从而净化身体内的悦性（sattva）物质，这被称作诵习。有三种重复真言的形式。一种是出声的，一种是半出声的，还有一种是心中默念的。出声的或可以被听到的是最低级的，不被听到的才是最高级的。首先是出声的重复，接下来是只活动嘴唇但并不发出声音的重复。伴随着思考真言含义的不可被听到的重复，被称作"精神上的重复"，是最高级的。智者们曾说过，有两种净化，分别是外在的和内在的。通过水、土和其他物质对身体所做的净化是外在的净化，如沐浴等。通过真理和其他德性对心灵所做的净化被称作内在的净化。两者都是必须的。如果一个人只是内部纯洁，外部却很肮脏，这是不够的。当两者不可兼顾时，内部的纯洁更为重要，但除非同时具备两者，否则一个人不会成为瑜伽士。敬仰自在天可以通过赞美、沉思和奉献来进行。

我们已经谈论了持戒和内制，接下来是坐姿。关于坐姿，唯一需要理解的要点是：让身体保持自由，让胸部、肩膀和头部保

---

1 "自在天"（īśvara）一词在印度的不同流派那里具有不同的含义，比如可能被当作是湿婆或毗湿奴的同义词，也可以指大我、国王等。辨喜在这里将其等同于神（God）这个概念，指唯一的至高存在者。

持正直。然后是调息。在这个词中，"prāṇa"的意思是人自己身体中的生命力，"āyāma"的意思是控制它们。共有三种调息：最简单的、中等的和最高级的。调息被分为三个部分：吸气、屏息和呼气。当以十二秒开始的时候，这是最初级的调息；然后以二十四秒开始，这是中级的；而以三十六秒开始的则是最高级的。在最初级的调息中会出汗，中级的则会有身体的抖动，最高级的会出现身体的悬浮感，并有强烈的欢喜涌入。有一条被称作迦耶特利（gāyatrī）[1]的真言，是吠陀中非常神圣的段落："我们冥想创造了这个宇宙的存在者的荣耀，愿祂启迪我们的心灵。""oṃ"出现在这条真言的开始和结束。在一次调息中可以重复三遍"gāyatrī"。所有书籍都提到，调息分为呼气（recaka）、吸气（pūraka）和屏息（kumbhaka）。诸根（indriya）——感觉器官——指向外部并与外部对象相接触，将诸根置于意志的控制之下，就是制感。把心灵固定在心中的莲花或头部的正中心，就是专注。收摄在一个点上，把那个点作为基础，一种特殊的精神波动就会出现。这些波动不会被其他类型的波动吞噬，而是会在一定程度上变得更突出，所有其他波动会逐渐减弱直到最终消失。接下来，这些波动的多样性让位于统一性，心灵中只剩下唯一的波动，这就是冥想。当不再需要任何基础时，当整个心灵都变成那唯一的波动、变得浑然一体（one-formedness）时，就达到了

1　"迦耶特利"原本是吠陀的一种诗律，每首诗由八音节三音步构成。这里所说的诗句出自《梨俱吠陀》3.62.10，以迦耶特利为格律，在印度教中被广泛推崇和使用，因此一般在瑜伽练习中说到迦耶特利时，指的就是这首颂歌。

三摩地。来自各处的帮助都消失了，只有思想的意义还存在。如果心灵能被固定在一个中心上十二秒，就是一次专注；十二次专注就是一次冥想；而十二次冥想就是一次三摩地。

一定不要在如下地方练习瑜伽：有火的地方，水里，落满了干枯树叶的地面上，有很多蚁蛭[1]的地方，有野生动物的地方，危险的地方，十字路口，有太多噪声的地方，有很多恶人的地方。这样的原则尤其适用于印度。在身体感到懒惰或生病时，当心灵非常悲伤和沮丧时，都不要练习瑜伽。要选择一个隐蔽性很好、没有人会打扰到你的地方，不要选择肮脏的地方。最好选择风景优美之处，或是自己家里美丽的房间。在练习时，首先要向所有古代的瑜伽士、自己的上师（guru）和神致敬，然后再开始。

现在来谈谈冥想，我会举一些冥想对象的例子。要坐直，看着自己的鼻尖。随后我们会知道该如何让心灵变得专注，如何通过控制两条视神经来缓慢地学会控制反射弧（arc of reaction）和控制意志。这里有一些冥想的实例。想象你头顶有一朵莲花，有几英寸高，德性是它的花心，知识是它的茎。莲花的八朵花瓣是瑜伽士的八种力量。花瓣内的雄蕊和雌蕊则是弃绝。如果瑜伽士拒绝外部的力量，就会得到救赎。所以莲花的八朵花瓣就是八种力量，但内部的雄蕊和雌蕊却是对所有这些力量的彻底弃绝。在那朵莲花内部，请想象金色的、全能的、无形的一，祂的名字就是 oṃ，是难以言传的，被灿烂的光芒笼罩着。这是一种冥想。

1　蚁蛭（ant-hill）就是蚂蚁的巢穴，相传《罗摩衍那》的作者名为蚁蛭（Vālmīki），他多年静坐禅修，以至于蚂蚁在他周围筑起了巢穴，因而得名。

还有另一种冥想：想象你心脏中的一处空间，火焰正在燃烧。把那团火想象成你自己的灵魂，在火焰之内有另一种灿烂的光芒，那就是你灵魂的灵魂，也就是神。冥想这些。贞洁、不伤害、原谅自己最大的敌人、诚实、对万物之主的信仰，这些都是不同的心念（vṛtti）。即使你在这些事情上都做不到完美，也不要害怕。去行动吧，这些都会到来的。放弃了所有执着、害怕和愤怒的人，他的整个灵魂都会到万物之主那里去，他会在万物之主那里得到庇护，他的心已经变得纯洁，无论他带着怎样的愿望来到万物之主面前，祂都会恩准。因此，要通过知识、爱和弃绝来崇拜祂。

不仇恨任何人，是所有人的朋友，对所有人都仁慈，没有任何自己的东西，从自我性中摆脱出来，在痛苦和愉悦中都心如止水，能够克制，总是感到满足，一直在瑜伽中行动，自我已得到控制，意志是坚定的，心灵和理智已经被归于我（Me），这样的人是我钟爱的奉爱瑜伽士（bhakta）。[1]

不会打扰别人，也不会被别人打扰，摆脱了愉悦、愤怒、恐惧和焦虑，这样的人才是我所钟爱的奉爱瑜伽士。不依赖任何东西，纯洁而又活跃，不关心发生的事情是善还是恶，绝不会悲

---

[1] 参阅《薄伽梵歌》12.13—14，黄宝生的译文是："不仇视一切众生，/而是友好和同情，/宽容，不自私傲慢，/对苦乐一视同仁。//永远知足，控制自己，/决心坚定，信仰虔诚，/把思想和智慧献给我，/我喜欢这样的瑜伽行者。"

伤，放弃所有为了自己的努力。[1]

无论得到赞美还是责备都等闲视之，怀着沉默、深思的心灵，遇到的一切都会给他带来福佑，他无家可归，只因为整个世界都是他的家，他的想法也是稳定的，这样的人是我钟爱的奉爱瑜伽士。[2]

——只有这样的人才能成为瑜伽士。

神祇中有一位被称作那罗陀[3]的伟大智者。正如人类之中有智者和伟大的瑜伽士一样，神祇中也有伟大的瑜伽士。那罗陀就是一位出色的瑜伽士，而且非常了不起。他到处旅行。一天，他穿过一片森林，看到一个人正在做冥想，直到蚂蚁在他周身筑起一座巨大的蚁蛭，可见他坐在那里很久了。他问那罗陀："你要去哪儿？"那罗陀回答说："我要去天堂。""那么请帮我问问神，祂什么时候会怜悯我，我什么时候会获得自由。"随后那罗陀遇到另一个人。他边手舞足蹈边说道："那罗陀啊，你要去哪儿？"他的声音和姿势都很热情。那罗陀说："我要去天堂。""那么请问问我什么时候会获得自由。"那罗陀继续走下去。过了一段时间

1　参阅《薄伽梵歌》12. 15—16，黄宝生的译文是："世界不畏惧他，/他也不畏惧世界，/摆脱喜怒忧惧，/我喜欢这样的人。//无所企盼，纯洁聪慧，/超然物外，摆脱疑惧，/摒弃一切举动，/崇拜我，令我喜欢。"

2　参阅《薄伽梵歌》12. 19，黄宝生的译文是："责备和赞美，等量齐观，/凡事知足，沉默不语，/居无定所，思想坚定，/我喜欢这样的虔诚者。"以上三段是克里希那（Kṛṣṇa）对主人公阿周那（Arjuna）说的话，克里希那（Kṛṣṇa，也译作"奎师那""黑天"）是印度最重要的神祇之一，被认为是毗湿奴的化身。

3　那罗陀（Nārada）相传是《梨俱吠陀》中一些真言的作者，是神和人之间的使者。参阅季羡林译《罗摩衍那》第一篇注释2。

78

后，他又沿着同一条路走了回来，那个被蚁蛭围住的人还在那里冥想。他说："那罗陀啊，你向万物之主询问关于我的事情了吗？""是啊，当然问了。""祂怎么说？""万物之主告诉我，你只需要再出生四次就可以获得自由。"那个人听到后就开始哭泣哀号，说："我一直在冥想，直到蚁蛭围住了我，可我竟然还需要再出生四次！"那罗陀又去了另一个人那里。"你帮忙问了我的问题吗？""是啊，当然了。看到这棵罗望子树 [1] 了吗？我不得不告诉你，你需要再出生像那棵树上的叶子那么多的次数，然后才能获得自由。"那个人却欢欣鼓舞地说道："我竟然只需要经过这么短的时间就可以得到自由！"此时一个声音出现了："我的孩子啊，你此刻就将得到自由。"这是对他坚韧毅力的回报。他准备好通过这些出生来行动，没有任何事情让他感到沮丧。但第一个人却觉得哪怕四次出生都太长了。只有像那个愿意等上很久很久的人那样的毅力，才能带来最高的结果。

1　罗望子（tamarind）又名酸豆、酸角等，在热带很常见，树叶为偶数羽状复叶，数目众多。

帕坦伽利的《瑜伽经》

导　论

开始讲解《瑜伽经》之前，我先尝试讨论一个大的问题，它是瑜伽士的整个宗教理论的基础。我们是一种绝对者的产物和显现，它在我们现在的相对状态背后，我们在走向它，将会返回它那里——这样的想法似乎是世上所有伟大心灵的共识，而且几乎已经被关于物理世界的研究证实。既然如此，那么问题就是：绝对者和目前的状态，哪个更好？不会有人认为现在这种显现的状态是人类的最高状态。有些学识渊博的思想家认为，我们是未经分化的存在者的显现，而分化的状态要比那个绝对者高级。他们设想，在绝对者中不可能有任何性质，它必定是无知觉的、沉闷的、毫无生气的，我们能享受的只有生命，因此必须紧紧抓住生命。首先我们会想要探究对生命的其他解答。一种古老的解答是，人死后仍然保持不变，减去恶的一面后，他所有好的一面会永远存留下来。从逻辑上说，这意味着人的目标就是这个世界，而把这个世界提升到更高级的阶段、消除所有恶，得到的就是天堂。从表面上看，这种理论是荒谬、幼稚的，因为这是不可能的。没有恶就不可能有善，反过来也是一样。一个全是善而没有恶的世界正是印度逻辑学家所说的"空中楼阁"（dream in the air）。现代一些学派提出了不同的理论：人的命运就是不断地进步，不断努力走向那个从未达到过的目标。这种陈述虽然看上去不错，但也是荒谬的，因为不存在沿着一条直线运动这么一回事。每个运动都是圆形的。如果你可以拿起一块石头并把它扔到太空中，只要你活得足够长并且那块石头没有遇到障碍，它就一定会回到你手里。被投射出的直线一定会作为一个圆形而终结。所以，关于人类命运是不断前进、永不止息的观念是荒谬的。尽管与我们的主题无关，我还是可以说，我们的观念解释了你必须去爱而不能去恨的伦理学理论。正如现代理论中的电力一样：电力离开发电机并完成返回发电机的循环；爱与恨也是如此，它们必定会回到源头。因此不要恨任何人，因为从你那里产生的仇恨，经过漫长的旅程后一定会回到你自身。如果你去爱的话，这种爱也会完成循环并回到你自身。可以确定的是，从一个人心中发出的每一点恨意最后都会完全回到他自身，这是不可能被阻止的，所有爱的力量也同样如此。

从其他实际的基础出发，我们也看到永恒前进的理论是站不住脚的，因为毁灭是一切世俗之物的结局。我们所有的努力、希望、恐惧和欢乐，最终会导向什么？我们最后都会死，没有什么比这更确定无疑了。这是一种直线运动吗——一种无限的前进？它仅仅走出一段距离，然后就回到作为起点的中心。请看看日月星辰如何从星云中诞生吧，而它们最终都将消解并变回星云。同样的事情到处都在发生。植物从地球上获取物质，最后消解并把物质返还给地球。世上的每一种形式都来自周围的原子，最后又变回这些原子。相同的法则不可能在不同的地方以不同的方式起作用。法则是统一的，没有什么比这更确定了。如果这是自然界的法则，就肯定也适用于思想。思想也会消解并返回自己的源头。无论愿意与否，我们都不得不返回自己的源头，也就是神或绝对者。我们从神而来，也都注定要回到神那里。用任何你喜欢的名字称呼祂吧，神、绝对者、本性，其实都没什么区别。"宇宙皆从祂而来，所有生命皆在祂之内诞生，万物皆复归祂那里。"这是确定无疑的事实。自然按照同样的计划工作，一个领域内产生的东西也在无数领域内被重复。你在行星上看到的，与在大地、人类和一切东西中看到的是一样的。巨浪是数以百万计的小波浪的复合物，全世界的生命也是数以百万计的小生命的复合物，而全世界的死亡也是数以百万计的小生命的死亡的复合物。

　　现在的问题是：回到神那里是不是更高级的状态？瑜伽派哲学家掷地有声地回答说：的确如此。他们说，人目前的状态是一种衰退。地球上没有一种宗教声称人是一种进步的产物。它们的观念是：人最初是完美的、纯洁的，他会一直衰退直到退无可退，而一定会有这样一天，人们再次奋起向上，完成那个循环。我们必须描述这种循环。无论一个人可能衰退到什么程度，他最终都一定会奋起向上，回到最初的源头，那就是神。人最初从神而来，在中途变成了人，最终还会回到神那里。这是一种二元论的理解方式。而一元论的理解方式是：人就是神，并再次回到祂那里。如果我们目前的状态是更高级的，为什么还有如此多的恐惧和痛苦，为什么这一切会终结呢？如果这就是更高级的状态，它怎么会结束？腐化、衰退的东西不可能是更高级的状态。它为什么如此糟糕透顶、如此令人不满？只有当这一切只是我们通向更高级状态的路径时才可以得到谅解：为了重获新生，我们必须经过这条路。把一颗种子撒向大地，一段时间后它就会消解、消融，接着从这种消融中长出参天大树。为了成为神，每个灵魂都必须先消解。这意味着，越早摆脱这种被称为"人"的状态，对我们而言就越好。通过自杀能摆脱这种状态吗？当然不能。这只会让情况变得更糟。折磨自己或谴责世界也不是出路。我们必须穿过绝望的泥沼[1]，越早越好。必须始终记住：人这种状态不是最高级的。

真正难以理解的地方在于：最高绝对者的状态并不如一些人担心的那样像是一种植形动物[2]或石头的状态。在这些人看来，存在的状态只有两种：一种是石头的状态，一种是思想的状态。可他们有什么权利把存在限定为这两种？难道没有什么东西高级得连思想都无法比拟吗？当光的振动频率很低时，我们看不到它；当增强一点时，才变成对我们而言的光；可当变得更加剧烈时，对我们而言就也是黑暗，我们又看不到它们了。最后的黑暗就是开始时的黑暗吗？当然不是，它们是不同的两极。没有思想

1　"绝望的泥沼"（Slough of Despond）出自英国作家约翰·班扬的预言文学作品《天路历程》（The Pilgrim's Progress），是一种比喻，指因罪恶不断聚集而形成的泥沼。

2　植形动物（zoophyte）指看上去像是植物的动物，这个概念在现代科学中已经被抛弃。

的石头和没有思想的神是一回事吗？当然不是。神并不思维，也不推理。祂为什么要做这些呢？对祂来说还有什么未知的事情需要推理吗？石头不能推理，神则不做推理——这就是区别。有的哲学家认为超越思想是非常可怕的，因为他们在思想之外什么也找不到。

在推理之上还有很多更高级的状态。在真正超越理智的地方，才能找到宗教生活的最高状态。当超越了思想、理智和所有推理时，你就迈出了通向神的第一步，而那还只是生命的开始。通常所说的生命不过是一种胚芽状态。

接下来的问题是：超越思想和推理的状态才是最高级的状态，可对此有什么证据呢？首先，世上所有伟大的人、推动世界的人、自始至终都没有自私念头的人——比那些只会夸夸其谈的人伟大得多——都宣称，这一生只是朝向超越的无限者的一个微不足道的阶段。其次，他们不仅这样说，而且向每个人展示道路和方法，让大家都可以跟随自己的脚步。再次，也没有其他的道路和解释了。如果想当然地认为不存在更高级的状态，我们为什么还一直在这个循环中穿梭呢？还有什么理由能够解释这个世界？如果不能走得更远、不能有进一步的追求，那么可感世界就是我们知识的极限。这就是所谓的不可知论。但有什么理由去信任感官提供的证据呢？如果一个人站在街上一动不动并死去，我会把他称为不可知论者。只要还有一点理性尚存，我们就没有理由站到虚无主义的立场上去。如果一个人是不可知论者，却熟知金钱、名誉和名声，他就不过是个骗子。康德确凿无疑地证明了我们不可能穿过被称为理性的巨大的、僵死的墙壁[1]。所有印度思想都将康德这样的观念作为自己的源头，并大胆地追寻，成功找到了某种比理性更高级的东西，只有在那里才有对目前状态的解释。这就是研究那些可以带我们超越世界的东西的价值。"你是我们的父亲，把我们带到无知海洋的彼岸。"这就是宗教的科学，别无他物。

1　辨喜在这里谈及的是康德在《纯粹理性批判》中的观点。

第一章
专注: 在灵性上的运用 [1]

1. 现在讲解专注。

2. 瑜伽是抑止心灵材料 [心质]，不让它具有各种形式 [心念]。

在此有必要做出详细的解释。我们必须理解什么是心质、什么是心念。就拿眼睛来说吧，眼睛其实是看不见的。如果把位于头部的大脑中枢移走，即使眼睛还存在，视网膜仍然完整，视网膜之上，作为对象的图像也在那里，但眼睛还是看不见。所以，眼睛只是一种辅助性工具，并不是视觉器官。视觉器官其实位于大脑的神经中枢里，所以只有两只眼睛是不够的。有时，一个人会睁着眼睛睡着。光线和图像还存在，但还有一样东西是必须的——心灵必须与器官相连接。眼睛只是外部工具，我们还需要大脑中枢以及心灵的参与。马车在街上疾驰，你却并没有听

---

1 《瑜伽经》原文中这一章的标题是 samādhi，即三摩地。

到它的声音。为什么？因为你的心灵并没有把自身附着于听觉器官上。首先要有工具，然后要有器官，接着还要有附着于这二者之上的心灵。心灵把印象进一步呈现给具有决定性的官能（faculty）——觉（buddhi）——这种官能会做出反应。伴随着这种反应，自我意识（ahaṃkāra）的观念会闪现出来。接下来，这种行动和反应的混合物被呈现给原人，也就是真正的灵魂，它在这种混合物中感知一个对象。器官（诸根）、心灵（意根）[1]、决定性的官能（觉）、自我意识，这四者一道组成了被称作"内在器官"[2]的东西，也就是内部工具（the internal instrument）。它们只是心灵材料——也就是心质——中发生的各种过程。心质中的思想波动被称作心念，其字面意思就是"漩涡"。什么是思想呢？思想是一种力，正如引力和斥力那样。从自然界无限的力的仓库中，被称作心质的工具捕捉到了某样东西，吸收它并把它作为思想发送出来。力是通过食物被提供给我们的，正是从这些食物中，身体获得了进行活动的力量。其他更精微的力则在思想中被投射出来。我们看到，心灵并不是有智能的，但它却显得有智能。为什么？因为智能的灵魂就在它身后。你们是唯一有感知的（sentient）存在者，心灵不过是你们捕捉外部世界的工具。就

1　辨喜在这里把"心灵"（mind）当作对"意根"（manas）的翻译。后者在早期佛教文献中常被视作与心、意识相等同；在后来的唯识学中被译作"末那"或"意根"，指第七识，这种含义已经与《瑜伽经》中的用法非常不同了。本译本中将其译作"意根"，以与"末那"等翻译相区别。

2　内在器官（antaḥkaraṇa）也被译为"内作具"，一般的解释认为"antaḥkaraṇa"有四个组成部分，其中之一是心质，而非器官（诸根）。辨喜的解释与此略有不同，他认为心质处于比这四者更高的层面上，这四者都是发生于心质中的过程。

90

拿这本书来说吧。作为一本书，它并不存在于外部，存在于外部的是未知的、不可知的东西。这个不可知的东西给出一种提示，它击打了心灵，而心灵以书的形式做出反应。这就像一块石头被投入水中，而水以波浪的形式做出反应。真正的宇宙是心灵做出反应的场合。书的形式、大象的形式或人的形式都不存在于外部，而我们知道的一切，都是我们对外部的提示做出的心智上的反应。约翰·斯图亚特·密尔说："物质就是永恒的感觉的可能性（Matter is the permanent possibility of sensations）。"[1] 存在于外部的不过是提示。我们以珍珠贝为例。你们知道珍珠是如何产生的。寄生物进入贝壳之内并引起刺激，然后珍珠贝就会向这个寄生物周身投放一种珐琅质（enamelling），珍珠就这样产生了。可以说，经验的宇宙就是我们自己的珐琅质，而真正的宇宙则是那个作为珍珠内核的寄生物。普通人可能无法理解这一点，因为当他尝试进行理解时，就会投放出珐琅质，结果就是只能看到自己的珐琅质。现在我们理解了心念是什么意思。真正的"人"其实在心灵背后，心灵是他手中的工具，通过心灵渗透出来的是他的智能。只有当你站在心灵背后时，它才变得有智能；当你放弃了心灵时，它就烟消云散了。这样你们就可以理解心质是什么意思，它就是心灵材料。而心念就是在外部原因影响到心灵材料

1　约翰·斯图亚特·密尔（John Stuart Mill，1806—1873），十九世纪英国的功利主义哲学家、心理学家、经济学家。代表作有《穆勒名学》（*A System of Logic*）、《论自由》（*On Liberty*）等。辨喜引用的话出自他 1865 年的著作《对威廉·汉密尔顿爵士哲学的考察》（*An Examination of Sir William Hamilton's Philosophy*），在书中的导论和第十一章等处多有提及。

时，在其中产生的波浪和涟漪，这些心念就是我们的宇宙。

我们是看不到一片湖的湖底的，因为湖面上遍布涟漪。只有在涟漪退去、湖面变得平静时，我们才可能瞥见湖底。如果湖水始终是浑浊的或受扰动的，我们就不可能看到湖底。如果湖水清澈、没有波浪，我们就会看到湖底。湖底就是我们自己真正的大我，湖是心质，波浪则是心念。心灵可以处于三种状态中：一种是黑暗的，也就是惰性，这通常存在于野蛮人和愚者身上，只会产生伤害，没有其他观念会进入处于这种状态的心灵中。接下来是活跃的心灵状态，也就是激性（rajas），它的主要推动力是力量和愉悦："我是有力的，而且要统治别人。"然后是悦性状态，也就是安详、平静，在这种状态中，波浪会停止，心灵之湖的湖水会变得清澈见底。它并不是不活跃，而是非常有力量。平静才是力量的最伟大的显现，活跃则是很容易做到的。如果松开缰绳，马就会疯跑，任何人都可以做到这一点，但能够阻止烈马的人才是真正强大的。放任和抑止，哪个需要更大的力量？平静的人并不麻木，你们一定不要误以为悦性就是麻木或懒惰。平静的人是已经掌控了心灵波动的人。活跃其实是较低级力量的显现，平静才是更高级力量的显现。

心质一直在试图返回自己自然纯洁的状态，但器官却让它偏离这个目标。瑜伽的第一步就是，掌控和抑止这种向外的倾向性，开启心质返回智能本质的旅程，因为只有这样心质才会进入恰当的进程中。

虽然从最低级到最高级的每个动物都拥有心质，但我们发现，只有在人类这里它才拥有理智[1]。除非心灵材料能够拥有理智的形式，否则就不可能穿过所有这些阶段而返回自己本来的状态，让灵魂变得自由。尽管牛和狗都拥有心灵，但它们不可能获得直接的救赎，因为它们的心质不可能拥有理智的形式。

心质自身可以显现为如下形式——弥散的、昏沉的、散乱的、专一的（one-pointed）、专注的形式[2]。弥散的形式就是活跃，它倾向于显现为愉悦或痛苦的形式；昏沉的形式是麻木的，它趋向于伤害。注释者说，第三种形式对天神、天使来说是自然的，第一种和第二种形式对魔鬼来说则是自然的。当心质努力让自身变得集中时，就显现为散乱的形式；当它试图变得专注时，就显现为专一的形式；最后专注的形式会把我们带向三摩地。

3. [在专注的时候] 见者（seer）[原人] 处于自己 [原本] 的状态。

一旦波动停止、湖水变得安静，我们就可以看到湖底。对心灵来说也是如此；当它平静时，我们就能看到自己的本性是什么。我们不会让自己与别的东西混在一起，而是保持自己的本性。

4. [在专注之外的] 其他时候，见者就与各种改变相等同。

例如，有人责怪我，这就会在我的心灵上产生一种改变，也

1　辨喜在此似乎没有严格区分"理智"（intellect）和"智能"（intelligence）这两个词。

2　这五种状态的说法应该来自于毗耶娑对《瑜伽经》1.1 的注释，原文分别为 kṣipta、mūḍha、vikṣipta、ekāgra、niruddha，辨喜用的英文词语与此略有出入，但意思应该是一致的。可以理解为：弥散和昏沉是没有经过王瑜伽训练的状态，散乱是开始王瑜伽练习但还没有进入冥想的状态，从散乱到专一、专注就是在逐渐进入冥想状态。

就是心念，我会把自己等同于它，于是痛苦就产生了。

5. 存在着五种改变，[一些] 是痛苦的，[另一些] 是不痛苦的。

6. [存在着] 正确的知识、颠倒[1]、妄想、睡眠和记忆。

7. 直接感知、推理和有效力的证据为我们提供证明。[2]

当两种感知并不彼此相抵触时，我们称之为证明。我听到某个东西，如果它与已经被感知到的东西相抵触，我就不会相信它。证明有三种。首先是现量（pratyakṣa），是直接的感知，如果没有什么在欺骗感官的话，任何我们看到和感到的东西都是证明。我看到了世界，这足以证明它存在。然后是比量（anumāna），也就是推理，你看到一个符号，由此达到了被该符号所指示的东西。再接下来是圣言量（āptavākya），也就是已经看到真理的瑜伽士所提供的直接的证据。我们所有人都在努力获得知识，但你我都必须做出艰苦的努力、通过漫长的推理过程才能获得知识，瑜伽士、纯洁的人却超越了所有这些。在他的心灵面前，过去、现在和未来都像是一本供他阅读的书，他无须经过我们不得不经历的漫长过程就可以获得知识。他说的话就是证明，因为他在自身之内看

1　这里的英文原文是 "indiscrimination"，意为无差别的认知；但梵语原文是 "viparyaya"，意为颠倒、错误的认知，所以在此还是翻译为 "颠倒"。

2　这里所说的直接感知、推理和有效力的证据是辨喜对下文中的现量、比量和圣言量的翻译。

到了知识。这些人是神圣经典的作者，因此，这些经典就是证明。如果现在还有这样的人活着，他们说的话就会成为证明。

其他一些哲学家对圣言量进行了长久的讨论，他们质疑说："什么是对这些人说的话的证明？"其实那些人的直接感知就是证明。因为只要不与任何过去的知识相抵触，我和你所看到的任何东西就都是证明。存在着超越了感官的知识，而只要这种知识不与理性或人类过去的经验相抵触，就是证明。任何疯子都可能进入这个房间并声称看到天使环绕着自己，但这不会是证明。首先，证明必须是真正的知识；其次，它一定不能与过去的知识相抵触；再次，它一定依赖于给出它的人的品格。我曾听到过这样的说法：人的品格并不如他所说的话那么重要，我们必须首先听一个人说什么。在其他问题上可能的确如此。一个人可能是邪恶的，却做出了天文上的发现，但在宗教中却不是这样，因为一个不纯洁的人永远不会有力量获得宗教真理。所以我们首先必须看到，宣称自己是成就者（āpta）的人，一定要是一个完全无私和神圣的人；其次要看到，他已经超越了感官；然后要看到，他所说的话并不与人类过去的经验相抵触，因为任何新发现的真理都不会与过去的真理相抵触，而是会与它们相契合；最后还要看到，真理一定要有被证实的可能性。如果有人说"我看到一处场景"，却声称别人是无法看到它的，那我可不会相信他。每个人一定都有能力自己看到它。任何出售自己知识的人都不是成就者。所有这些条件都必须被满足。首先你必须看到这个人是纯洁的，没有任何自私的动机，没有盈利或成名的渴望。其次，他必须表明自己是超意识的，必须向我们提供一些无法从感官得到的东西，这些东西是为了世界的利益。再次，我们必须看到他提供的东西并不与其他真理相抵触，否则就应该立即加以拒斥。最后，这个人不应该是单独的，他应该代表着所有人都可以达到的东西。直接的感觉感知、推理和成就者所说的话，这就是三种证明。我无法把"成就者"这个词翻译成英文。它的意思并不是"得到启示的人"，因为启示被认为是来自于外部的，而我们所说的知识则来自于那个人自身。这个词的字面意思是"已经得到的人"。

8. 颠倒是错误的知识，不以真正的本性为依据。

下一种心念，产生在把一样东西误当作另一样东西的时候，比如把一块珍珠贝母（mother-of-pearl）误当作一块银器。

9. 妄想来自缺乏 [相应] 实在的语词。

另一类心念被称作妄想（vikalpa）。一个语词被说出了，我们等不及要去考虑它的意思，于是会立即跳到结论。这是心质软弱的一种标志。现在你们可以理解关于抑止的理论了。一个人越是软弱，就越难做到抑止。始终要通过这样的测试来检查你们自己。在将要生气或感到沮丧时，要弄清楚某个信息是如何影响你并让你的心灵产生波动的。

10. 睡眠是一种怀着虚空（voidness）感觉的心念。

接下来的一类心念就是睡眠和梦境。在醒来后，我们知道自己刚才一直在入睡，我们只能对感知到的东西拥有记忆。没有感知到的东西，我们是绝不可能拥有记忆的。每个反应都是湖面上的一股波浪。如果在睡眠中心灵没有波动，也就不会有正面或负面的感知，我们也就不会记住它们。我们之所以能记住睡眠，就是因为在睡眠时，心灵中有一种特定的波动。记忆则是另一种心念，被称作"smṛti"。

11. 记忆存在于被感知到 [的心念] 没有消失的时候 [并通过潜印象[1] 返回到意识中]。

记忆可以来自直接感知、错误的知识、妄想和睡眠。例如，你听到一个词，那个词像是被投入心质之湖的一块石头。它引起一阵涟漪，而那阵涟漪再引起一系列涟漪，这就是记忆。在睡眠中也是如此。当被称作睡眠的涟漪把心质投入记忆的涟漪中，这就被称作梦境。梦境是另一种形式的涟漪，这种涟漪在清醒的状态下就被称作记忆。

12. 对它们的掌控是通过练习和不执着（nonattachment）实现的。

不执着的心灵一定是清晰、善良、理性的。我们为什么要练习呢？因为每个行动都像是湖面上震颤的脉动（pulsations

1　辨喜有时会使用 "impression" 来翻译潜印象（saṃskāra），这里就是如此。但严格来说这是不准确的，因为潜印象与一般的印象不同，往往并不能被意识到。译者在翻译时会视语境把 "impression" 分别译为 "印象" 或 "潜印象"。

quivering）。当这种波动消失时，剩下的是什么？就是潜印象。当大量的潜印象存留在心灵上时，就会融合并变成一种习惯。人们说"习惯是第二本性"，其实它也是第一本性，是人类的全部本性，我们的一切都是习惯的结果。这会给予我们一些慰藉，因为如果只是习惯的话，我们就随时可以接受它或抛弃它。这些潜印象是由心灵的波动留下的，每个波动都会留下自己的影响。我们的性格就是这些印记的总和，当不同的波动占据主导地位时，就会形成不同的性格。如果善的性格占据主导地位，一个人就变得善良，反之则变得邪恶；如果愉悦占据主导地位，一个人就变得幸福。对坏习惯的唯一补救就是相反的习惯，所有留下潜印象的坏习惯都应该受到好习惯的掌控。始终行善、不断思考神圣的思想，这是抑制基本的潜印象的唯一方法。永远不要说任何人是毫无希望的，因为他不过代表了一种性格、一堆习惯，这些都可以被新的、更好的习惯掌控。性格就是重复的习惯，而且只有重复的习惯能够改变性格。

13. 练习就是通过持续的努力让它们 [心念] 被完全抑止。

什么是练习？就是尝试抑止以心质形式存在的心灵，不让它陷入波动。

14. 经过长期持续的、带着巨大的爱 [对要达到的目标的爱] 的努力，它才能变得牢固。

抑止不是一蹴而就的，要通过长久持续的练习才能获得。

15. 已经放弃了对所见到或所听到对象的渴求，并且希望掌控这些对象的人，他们获得的结果就是不执着。

我们行为的两种推动力，一是我们自己看到的东西；二是其他人的经验。这二者在心灵之湖上掀起各种波动。弃绝（renunciation）就是与这些推动力战斗并掌控住心灵。这种弃绝正是我们需要的。我走过一条街道，一个男人过来抢走了我的手表。这是我自己的经验。我自己看到了它，它立即以愤怒的形式在我的心质中掀起波动。不要允许这样的事情发生。如果做不到的话，你就什么都不是；如果能够做到，你就会拥有弃绝（vairāgya）。世俗经验告诉我们，感官享受是最高的理想，但这是巨大的诱惑。所谓弃绝，就是否认这些、不让心灵对它们产生波动。所谓弃绝，就是掌控产生于自己经验和他人经验的两方面的推动力，防止心质被这些推动力支配。这些推动力应该被我掌控，而不是我被这些推动力掌控。这种精神力量就是弃绝，是通向自由的唯一道路。

16. 极度的不执着甚至可以放弃性质，这产生自关于原人 [的真正本性] 的知识。

当移除了我们对性质的关注时，就出现了弃绝力量的最高显现。我们首先要理解什么是原人，也就是大我，以及什么是性质。根据瑜伽哲学，整个自然都由三种性质或力组成：惰性、激性和悦性。在物理世界中，这三种性质将自身显现为三种情况：

黑暗或不活跃，吸引或排斥，以及两者的均衡。自然中的万事万物、所有显现，都是这三种力的组合与重组。数论将自然划分为各种不同的范畴，而人的大我是超越于所有这些之上、超越于自然的，是辉煌、纯洁、完美的。我们在自然中看到的任何智能，不过就是大我在自然中的反映。自然自身是没有感知的。你们必须记住，"自然"这个词也包括了心灵，心灵是在自然中的。思想也是在自然之中的，上至思想、下至最粗大的物质形式，一切都在自然中、都是自然的显现。自然遮盖了人的大我，当这种遮盖被祛除时，大我就在自身的荣耀中显示出来。如本章第15条经文中所述，（由于掌控对象或自然而产生的）不执着是对大我显现的最大帮助。下一条经文定义了三摩地，那是完美的专注，是瑜伽士的目标。

17. 被称作正确知识的专注，伴随着推理、分辨（discrimination）、欢喜和不受限制的（unqualified）自我性。

三摩地被分为两类：一是有智的（samprajñāta），二是无智的（asamprajñāta）。在有智三摩地中，会出现所有掌控自然的力量，其中包含四个种类。第一个种类被称作有思考的（savitarka），在其中，心灵反复地冥想一个对象，把它从其他对象中分离出来。在数论的二十五谛（twenty-five categories of the Sāṃkhya）中，有两类可以作为冥想的对象：一是二十四种属于自然的无感知的东西；二是唯一有感知的原人。瑜伽的这个部分完全建基于我已经给你们讲过的数论哲学。如你们将会看到的那样，自我性、意志和心灵拥有一个共同的基础，那就是心质或心灵材料，它们都是从中被制造出来的。心灵材料接收自然的力量，并把它们投射为思想。一定会存在这样一种东西，在其中，力与物质是一体的。这被称作未显（avyakta），是创世之前未显现的自然状态，而在一次循环结束之后，整个自然都会返回这种未显，在下一个时代再次出现。超越于这之上的是原人，是智能的本质。知识是力量，一旦我们开始知道一样东西，就获得了支配它的力量。所以，当心灵开始冥想不同元素时，就获得了支配它们的力量。以外部粗大元素作为对象的冥想被称作有思考的，其中，"vitarka"的意思是质询（question），"savitarka"的意思就是质询这些元素，而它们可以向冥想自己的人提供自己的真理和力量。在获取力量时不会有解脱，这是对享乐的世俗追求，而在这样的人生中是不该有什么享乐可言的。所有对享乐的追求最终都是一场空，这是非常非常古老的教训，可人们却很难懂得它。一旦吸取了这个教训，人就会超出宇宙并变得自由。拥有所谓的神秘力量，只会给这个世界增砖添瓦，最终只会加剧苦难。尽管作为一位科学家，帕坦伽利不得不指出这门科学中的各种可能性，但他绝不会错过任何机会去警告我们要反对这些力量。

在同样的冥想中，当一个人努力去把元素从时空中抽离出来、如其所是地思考它们时，这就被称作无思考的（nirvitarka），也就是没有质询的意思。当这样的冥想进入到更高级的阶段，把精微元素作为自己的对象，认为它们是在时空之中的，这就被称作有观察的（savicāra），是带有区分的；当一个人在同样的冥想中消除了时空、如其所是地思考精微元素，这就被称作无观察的（nirvicāra），是不带有区分的。[1] 在接下来的一步，无论粗大还是精微的元素都被放弃，而冥想的对象是内部器官、思维器官。当思维器官失去了活跃或迟钝的性质时，被称作"sānanda"，也就是有欢喜的。当心灵自身成为冥想对象时，当冥想变得非常成熟和专注时，当所有关于粗大物质和精微物质的观念都被抛弃时，当只有自我的悦性状态保留下来而又与所有其他对象相区别时，这就被称作有自我性的三摩地（sāsmitā samādhi）。已经做到这一点的人，就做到了吠陀中所说的"失去身体"（bereft of body）。他可以认为自己并不具有粗大的身体，但不得不认为自己还拥有一个精微身。那些在这种状态中与自然融为一体但并没有达到目标的人，被称作与原质融合者（prakṛtilaya），但那些在达到目标后也不停下脚步的人，就会获得自由。

18. 还有另一种三摩地，它通过不断练习所有精神活动的止息而达到，在这种三摩地中，心质只保留未显现的潜印象。

这就是完全超意识的无智三摩地，这种状态会给我们自由。第一种状态并不给我们自由，并不让灵魂得到解脱。一个人可能会获得所有的力量，但还是会再次跌落。除非灵魂超越了自然，否则就不会得到真正的保障。尽管方法看上去很简单，但真正做到是非常难的。方法就是冥想心灵自身，无论有任何想法出现都

---

1 这里的有无观察、有无思考，是印度常用的冥想分类方式，在佛教中也有这样的定义，中国古代将"观察"（vicāra）译作"伺"、"思考"（vitarka）译作"寻"。

要消除，不允许任何想法进入心灵中，让心灵成为完全的真空。当真正做到的那一刻，我们就会获得解脱。如果没有经过训练或准备的人试图让自己的心灵保持虚空，可能只会用惰性——也就是无知的材料——覆盖自己，这会使心灵变得麻木、愚蠢，这会让他们认为自己正在让心灵变得真空。真正做到这一点，需要显现出最伟大的力量、最高级的掌控。当达到无智三摩地的超意识状态时，三摩地就变得没有种子（seedless）了。什么叫没有种子呢？在专注中，如果存在着意识，如果心灵只能成功地压制或抑制心质中的波动，这些波动就还会以倾向性（tendencies）的形式保留下来。当时机成熟时，这些倾向性（或者说种子）会再次变成波动。但如果你摧毁了所有倾向性，甚至几乎摧毁了心灵，这种三摩地就变成无种子的了。心灵中再没有种子存在，而这些种子本会一再地产生出生命这株植物、一再产生出无尽的生死轮转。

你们可能会问，没有心灵、没有知识的状态究竟是什么样的呢？我们所说的知识，不过是一种比超越了知识的状态更低级的状态。你们必须始终记住，极端的东西看上去是非常相似的。如果以太的非常低频率的振动被当作黑暗，而中间状态的振动被当作光明，那么非常高频率的振动也一样会是黑暗。同样，无知是最低级的状态，知识是中间状态，而超越知识则是最高级的状态——这两个极端看上去似乎是一样的。知识自身是被制造出来的东西，是一种结合，并不是实在的。

持续练习更高级的专注会带来什么结果？所有旧的不安、麻木的倾向性都会被摧毁，好的倾向性也不例外。这类似于被用来从金子中去除污垢与合金的化学物质。当矿石被融化后，糟粕与那种化学物质一起被烧掉。这种恒常的掌控力就这样阻止之前坏的倾向性，最终也阻止好的倾向性。善与恶的倾向性会相互压制，让大的灵魂（Soul）无拘无束，摆脱善恶的束缚，变得全在、全能、全知。然后这个人就会知道，自己既没有出生也没有死亡，没有对天堂或尘世的需要。他会知道自己既不来也不去，移动的是自然，而这种移动只是反映在灵魂上。被玻璃反射的光在墙上移动，墙却愚蠢地认为是自己在移动。我们所有人也都是如此，是心质不断让自己成为各种形式，我们却认为自己就是这些形式。所有幻象都会消失。当那个自由的灵魂发出命令时——不是祈祷或祈求，而是发出命令——祂渴望的任何东西都会立即得到满足，祂可以做到任何自己想做的事情。在数论哲学看来，并不存在神。它说这个宇宙中不可能有神，因为如果有的话，祂一定是一个灵魂，而灵魂一定要么是受束缚的、要么是自由的。受到自然束缚或支配的灵魂怎么可能进行创造呢？它自己就是奴隶。另一方面，自由的灵魂又为什么要创造和操纵所有这些东西呢？祂没有欲望，所以也不可能有进行创造的需求。所以，数论说关于神的理论是不必要的，自然就足以解释一切。神有什么用处呢？但迦毗罗[1]告诉我们，存在着很多几乎达到了完美的灵魂，却因为无法完全放弃所有力量而变得有缺陷（fall short）。它们的

1　迦毗罗（Kapila）是传说中数论的创始人。

心灵与自然融合了一段时间，再作为自然的主人重新出现。这样的神祇倒是存在的。根据数论的说法，我们都可以成为这样的神祇，而吠陀中所说的"神"其实指的就是这样一个自由的灵魂。除了它们之外，并不存在一个永远自由、永远有福佑的宇宙创造者。另一方面，瑜伽士说："不是这样的，神是存在的，存在着一个与其他所有灵魂相分离的大的灵魂。祂是所有被造物永远的主人，是永远自由的，是老师的老师。"瑜伽士也承认数论所说的"融入自然"的灵魂的存在，它们是没有达到完美的瑜伽士，尽管一度未能达到目标，但还是作为宇宙中某些部分的支配者而存留下来。

19. [不导致彻底不执着的三摩地] 会成为神祇和那些融入自然者再显现的原因。

印度哲学中的神祇代表了特定的高级职位，由各种不同的灵魂相继填补。但其中没有一个灵魂是完美的。

20. 对另一些人来说 [这种三摩地] 是通过信念、能量、记忆、专注和对真实的分辨（discrimination of the real）来实现的。[1]

这些人不渴望神的职位，也不想成为循环的支配者。他们会获得解脱。

1　方广锠在《读〈瑜伽经〉》（《中国佛学》第一卷第一期，1998 年 10 月）一文中指出，这里提到的五者与佛教的"五根""五力"说（信、力、念、定、慧）几乎完全一致，请读者参考。

21. 有极强大能量的人会迅速获得成功。

22. 瑜伽士可以采取柔和、中等或强烈的方法，依据方法的不同，他们所获得的成功也不同。

23. 或者通过对自在天（īśvara）的奉献。

24. 自在天 [至高无上的支配者] 是特殊的原人，不被痛苦、行动、行动的结果和欲望触及。

我们必须重申一下，帕坦伽利的瑜伽哲学是建基于数论哲学的，只不过神在后者那里没有位置，在瑜伽士那里则有一席之地。但是，瑜伽士并不过多谈论关于神的观念，比如创世。瑜伽士所说的自在天，并不指作为宇宙创造者的神。根据吠陀，自在天是宇宙的创造者，因为它是和谐的，所以它一定是一种意志的显现。瑜伽士想确立一个神，但他们是以自己独特的方式达到祂的。他们说：

25. 全知在别人那里 [只是] 一颗种子，在祂那里则变得无限。

心灵必须始终在两个极端之间穿行。你可以思考有限的空间，但正是这个有限空间的概念给予你无限的空间。闭上眼睛并思考一小块空间，在感知到这一小块空间的同时，你也获得了围绕着它的无限广延。对时间来说也是如此。试着思考一秒钟，在感知它的同时，你不得不思考无限的时间。对知识来说也是一样。在人这里知识只是一颗种子，但你不得不思考围绕着它的无限知识，我们心灵的构造就这样向我们表明存在着无限的知识，瑜伽士则把无限的知识称为神。

26. 祂甚至是先贤的老师，不受时间的限制。

所有知识的确都在我们自身之内，但它们需要被其他知识唤起。尽管获得知识的能力在我们之内，但它必须被唤起，而瑜伽士坚称，知识只能通过另一条知识被唤起。无生命、无感知的物质绝不可能唤起知识，唤起知识的是知识的行为。获得知识的存在者一定是与我们同在的，这样才能唤起我们之内的东西，所以老师总是必要的。老师在世界中从不能缺席，离开了他们就不可能有任何知识出现。神是所有老师的老师，因为无论这些老师多么伟大——是神祇还是天使——都受到时间的束缚和限制，神则不然。瑜伽士曾做出两条奇特的推论。第一条是：在思考有限的东西时，心灵也必须思考无限的东西，而如果感知的一部分为真，那么其他部分也一定为真，这是因为，它们作为心灵的感知的价值是相等的。人只拥有很少的知识，这一事实恰恰表明神拥有无限的知识。我们怎么可能只选择一方而放弃另一方呢？理性迫使我们同时接受或放弃双方。如果我相信存在一个只有很少知识的人，那么我就必须也承认，在他身后存在着某个具有无限知识的人。第二条推论是：没有老师，就不会有任何知识出现。正如现代的哲学家所说，人身上的一些东西的确是从人自身进化而来的，所有知识都在人之内，但唤醒它们需要特定的环境。如果没有老师，我们就不可能发现任何知识。如果存在着作为人、神祇或天使的老师存在——他们肯定都是有限的——在他们之前的老师又是谁呢？我们不得不接受最终的结论：存在着一位不受时间限制的老师，而这位教授无限知识、无始无终的唯一的老师，就被称作神。

27. 祂显现的语词就是 oṃ。

你心灵中的每个观念都有一个对应的语词，这个词和思想是密不可分的。同样一个东西，它的外在部分就是我们所说的语词，而内在部分就是我们所说的思想。没有人可以通过分析把思想和语词割裂开。语言是由人类创造的想法——某些人坐在一起来决定语词——已经被证明是错误的。只要人类还存在，语词和语言就会存在。一个观念和一个语词之间的关联是什么？尽管我们看到一个语词总是与一个思想相伴，但这并不意味着同样的思想总是对应同样的语词。思想可能在二十个国家都是相同的，语言却千差万别。每个思想都必须用语词加以表达，但这些语词并不一定具有同样的声音。声音在各个国家可能都不一样。我们的注释者说："尽管思想和语词之间的关系是完全自然的，但这并不意味着一个声音和一个观念之间只有一种固定的关联。"声音是各不相同的，但声音和思想间的关联却是自然的。只有当被指示的事物与符号之间存在着真实的关联时，思想和声音之间的关联才是好的，否则那个符号永远不会获得一般性的使用。符号是被指示事物的显现者（manifester），如果被指示的事物已经在眼前了，而且如果我们从经验上知道那个符号已经多次表达了那个事物，我们就会确信它们之间存在着一种真实的关系。即使那个事物并不在眼前，成千上万的人也会通过符号而知道它们。在符号和被指示的事物之间一定存在着一种自然的关联，当那个符号被说出时，被指示的事物就会被唤起。

注释者说，显现神的语词就是 oṃ。他为什么要强调这个词呢？指示神的语词可是有好几百呢。一个思想可以与一千个语词相关联。"神"这个观念就与数百个语词相关联，而每个语词都是象征神的符号。这很好。但是，在所有这些语词中一定存在着一种一般性的东西，它是一种基底（substratum），是所有这些符号的共同基础。而且，它们的共同符号才是最好的，能够真正代表所有这些东西。在发音时，我们用喉部和上颚作为共鸣板[1]。是否存在着这样一种实际存在的声音：其他所有声音都是它的显现，而它则是最自然的声音？ oṃ（AUM）就是这样一种声音，是一切声音的基础。第一个字母 A 是声音的根基，是关键，在发出它时并不触碰舌头或上颚的任何部分；M 代表了一系列声音中的最后一个，是通过闭合的嘴唇发出的；U 则从根部滚动到口腔共鸣板的末端。就这样，oṃ 代表了全部的发声现象，它必定是自然的符号，是所有不同声音的母体（matrix）。它指示出所有可以被产生出的语词的范围和可能性。除了这些思辨外我们还看到，印

1　共鸣板（sounding board）通常位于教堂小讲台的上方，一般为木制，用于帮助放大演讲者的声音。

度所有不同的宗教观念都围绕着 oṃ 这个中心，吠陀的所有宗教观念都聚集在 oṃ 这个词的周围。这与美国、英国或任何其他国家有什么关系呢？简单地说，这个语词在印度宗教的每个阶段都被保留了下来，并且被用来意指各种关于神的观念。一元论者、二元论者、不一不异论者、分离主义者[1]甚至无神论者都接受 oṃ。oṃ 已成为绝大多数人类宗教渴望的唯一象征。就拿英文里的"神（God）"这个词来说吧。它只涵盖了有限的动能，如果超出了它的范围，你就必须加上各种形容词，让它变成人格化的神、非人格化的神或绝对的神。任何其他语言中用来表示神的词也都是如此，它们的意义是很狭隘的。但是，oṃ 这个词的周围聚集了各种不同的意义。正因为如此，它应当被所有人接受。

28. [方法就是] 重复这个 [oṃ] 并冥想它的意义。

为什么应该重复呢？我们还没有忘记关于潜印象的理论，这种理论主张，所有印象的总和都存在于心灵中。它们变得越来越潜在，但仍然在那里，一旦得到了恰当的刺激就会浮现出来。分子的振动永远不会停止。当这个宇宙被毁灭后，所有巨大的振动

---

1 不一不异论（mono-dualism/ dvaitādvaita）是印度哲学家尼跋伽（Nimbārka，生卒年不详，现代推测可能生活于十一到十四世纪）提出的哲学。他认为有神、灵魂和物质三种存在，灵魂和物质拥有与神不同的性质，但又不可能独立于神而存在，只有神是独立存在的。在灵魂和神之间既存在着绝对的二元性，又存在着绝对的一体性，因此被译为"不一不异论"。"分离主义者"原文为"separatist"，不太清楚辨喜在这里指的是哪一派哲学家，可能指罗摩奴阇（Rāmānuja）的限制不二论（viśiṣṭādvaita），主张梵、灵魂和物质都是实在的，其本性则是各异的。以上请参阅孙晶《印度吠檀多不二论哲学》（东方出版社 2002）"绪言"部分对吠檀多学派的介绍；黄心川论文《印度吠檀多哲学评述（下）》，《南亚研究》1987 年第 1 期，其中将"不一不异论"译为"二元不二论"。

都消失不见了，日月星辰都会毁灭，但振动仍然存留在原子中。每个原子都会起到与这个大的世界相同的作用。同样，即使当心质的振动消退时，它的分子的振动也还是会继续，当它们得到推动时，就会再次浮现出来。现在我们可以理解重复的意思是什么了，它可以给予灵性的潜印象以最大的刺激。"与神圣之人相处片刻，就足以让船舶渡过生命的海洋。"这就是联想的力量。重复 oṃ、思考它的意思，可以让你的心灵得到良好的陪伴。学习，然后冥想你学到的东西，这样光明就会照耀你，大我就会显现。

但你必须思考 oṃ 以及它的意义。要避免邪恶的陪伴，因为陈旧的伤痕还在你之内，而邪恶的陪伴恰恰是唤醒它们的必要条件。我们也以同样的方式被告知，良好的陪伴会唤醒我们之内好的印象，尽管它们已经变成潜在的了。世上没有什么比保持良好的陪伴更神圣的了，因为这样会使好的潜印象浮现出来。

29. 由此获得内省 [的知识]，并消灭障碍。

对 oṃ 进行重复和思考之后，最先出现的表现就是内省的力量会越来越多地显现出来，所有精神和身体上的障碍都会开始消失。那么，对瑜伽士来说都有哪些障碍呢？

30. 疾病、昏沉（mental laziness）、怀疑、懈怠（lack of enthusiasm）、懒散（lethargy）、依赖感官享受（clinging to sense-enjoyments）、错误的感知、无法达到专注、无法保持已达到的状态，

这些散乱是障碍。

首先是疾病。身体是一艘把我们带到生命之海彼岸的船只。我们必须照顾好它。不健康的人是不可能成为瑜伽士的。昏沉会使我们失去这个领域内一切有活力的兴致，而没有这些兴致，我们就不可能有意志力或能量去进行练习。无论一个人在理智上的信念多么强大，他的心灵中都可能浮现出对科学真理的怀疑，除非某些特定的心理经验出现，比如在一定的距离上听到或看到，等等，这些瞥见会增强我们的心灵，让学生能够坚持不懈。在经过几天或几周的练习后，心灵就会变得平静并容易专注，而且你会发现自己在迅速进步。有时进步会突然停止一天，你发现自己仿佛搁浅了，这时一定要坚持，一切进步都是在这样的起起落落中发生的。

31. 与无法保持专注相伴的，是痛苦、精神沮丧、身体摇晃、呼吸不规律。

每次专注练习都会给身心带来彻底的修复。而当练习被误导或没有得到足够的掌控时，这些扰动就会出现。对 oṃ 的重复和对万物之主的臣服会让心灵得到增强并带来新的活力。几乎每个人都会出现紧张的颤抖，其实根本不必介意这一点，只需要保持练习。练习会治愈它们，让我们的坐姿变得稳定。

32. 为了克服这些，[应该进行] 固定于一个主体（subject）上的练习。

让心灵在一段时间内具有一个对象的形式，这会消除那些障

112

碍。这是一般性的建议。在接下来的经文中，它会得到扩展和具体化。同一种练习未必适合所有人，所以我们需要提出不同的方法，而且每个人都可以通过实际经验发现对自己最有帮助的方法。

33.面对乐、苦、善、恶，要思考慈、悲、喜、舍[1]，这样可以让心质变得平静。

我们必须拥有这四种想法。我们必须对所有人拥有慈心；我们必须对那些身处不幸的人感到悲悯；当人们快乐时，我们也应该快乐；而对于邪恶的人，我们必须舍离。对于我们面对的所有主体来说，都应该这样。如果一个主体是善良的，我们就应该对他感到友善；如果他是不幸的，我们就也必须对他感到悲悯；如果他是好的，我们一定会感到高兴；如果他是邪恶的，我们就必须舍离他。面对不同主体所采取的态度，会让心灵变得平静。我们日常生活中的大多数困难都产生自无法以这样的方式来控制自己的心灵。例如，当一个人对我们作恶时，我们立即会对邪恶做出反应，而每次这样的反应都表明我们其实无法让心质平静下来。它以波浪的形式涌向那个对象，我们则失去了自己的力量。以仇恨或邪恶的形式出现的每一次反应都会让心灵产生非常大的损失，相反，如果所有邪恶的思想、仇恨的行为或任何做出反应

---

1 "慈、悲、喜、舍"的原文是"friendship、mercy、gladness、indifference"。《瑜伽经》的这种说法可能受到了佛教的影响，慈悲喜舍是佛教中常见的概念，被称为"四无量心"或"四梵住"。参阅庄国彬《〈瑜伽经〉与佛教思想的比较》，《圆光佛学学报》第26期。

的想法都得到了控制，就会令我们受益。我们并不会因为抑止自己而受到损失，我们得到的东西其实要多得多。每当我们压制住仇恨或愤怒的感觉时，就会有非常多好的能量聚集起来，让我们受益，这些能量会被转化为更高级的力量。

34. 通过呼气或控制呼吸。

这里说的其实是生命气。生命气并不完全是指呼吸，而是宇宙中能量的名称。你在宇宙中看到的一切，任何移动的、或者是在运行的、或者是有生命的东西，都是生命气的显现。宇宙中展现出的能量的总和就被称作生命气。在一次循环开始之前，生命气几乎保持在静止不动的状态，当循环开始时，生命气就开始显现自身。是生命气显现为活动——人类或动物中的神经活动——显现为思想，等等。整个宇宙就是生命气与空元素的结合，人类的身体也是如此。从空元素中你可以得到自己感到和看到的各种不同材料，而从生命气中则可以得到各种不同的力。呼出和抑止生命气，就被称作调息。瑜伽哲学之父帕坦伽利并没有给出很多关于调息的特别指导，但随后，其他瑜伽士发现了关于调息的各种方法，并让它成为一门伟大的科学。对帕坦伽利来说，它是诸多方法中的一种，但他并没有做出太多强调。他的意思是，只要把空气呼出，然后再吸入并屏息一段时间，这就够了，通过这样的做法可以让心灵变得更平静一些。但随后你们会发现，从这之中发展出一门被称作调息的独特的科学。我们现在来听一听后来这些瑜伽士的说法。

我之前已经讲过一些这方面的东西，但简单的重复可以帮助你们记得更牢。首先，你们必须记住，生命气并不是呼吸，引起呼吸活动的东西、作为呼吸活力的东西才是生命气。"生命气"这个词被用于所有感官，它们都被称作生命气，心灵也被称作生命气，这就意味着生命气也是力。但我们并不称其为力，因为力不过是它的显现，它以活动的方式把自身显现为力和其他所有东西。心质，也就是心灵材料，是从周围的东西中吸入生命气的引擎，并从生命气中制造出各种不同的生命活力——这些生命活力使身体得以保存——还有思想、意志以及所有其他力量。通过上述呼吸过程，我们可以掌控身体内的各种活动以及遍布身体的各种神经流。首先我们要认识它们，然后慢慢掌控它们。

这些后来的瑜伽士认为，人体内有三种主要的生命气之流，分别是左脉、右脉和中脉。在他们看来，右脉在脊柱右侧，左脉在左侧，在脊柱中间的是中脉，是一根中空的管道。根据他们的说法，左脉和右脉是在每个人身体内运作的生命气之流，通过这些流，我们执行着生命的所有功能。中脉也在所有人身体内存在，但只是作为一种可能性存在，它只在瑜伽士身上起作用。你们必须记住，瑜伽是会改变身体的。在进行练习时，你的身体就会发生变化，你进行练习之前和之后的身体是不同的。这是非常合理的，而且可以得到解释，因为我们拥有的每一个新的想法都必定会形成一条通过大脑的新管道，这也解释了人类本性中巨大的保守性。人的本性喜欢沿着已经存在的车辙前行，因为这会更容易。例如，如果我们认为心灵像是一根针，而大脑的物质是一块柔软的东西，那么我们拥有的每个思想都会在大脑中打造出一条街道。这条街道也可能会关闭，除非灰质[1]出现并形成一层膜以让它保持分离。没有灰质就不会有记忆，因为记忆意味着在这些旧的街道上走来走去，回溯一个想法。现在你们或许已经明白，当一个人谈论某个主题时，如果采用一些每个人都熟悉的概念并对之进行组合与重组，就会比较好理解，因为这些渠道存在于每个人的大脑之内，我们要做的只是让它们重现出来。但当新的主题出现时，必须建立起新的渠道，这就并不容易被理解了。这就是为什么大脑（是大脑，而不是人们自身）总是在无意识地拒绝让新的观念起作用。它在反抗。生命气在试图建立新的渠道，大脑则不允许这一点。这就是保守性的秘密。大脑中已经存在的渠道越少，生命气之针制造出的通道越少，大脑就会越保守，越会努力地与新思想抗争。一个人越是深思熟虑，他大脑中的街道就会越复杂，他也就越容易接受和理解新的观念。对每个新鲜观念来说都是如此：我们在大脑中产生出新的印象，开辟出穿过大脑材料的新渠道。这就是为什么我们会发现，在最初的瑜伽练习中（这种练习是一套全新的思想和推动力）会存在着如此多的身体上的反抗。这就是为什么我们会发现，宗教中涉及自然界那一侧的部分会被如此广泛地接受，而涉及人类内在本性的那一部分，也就是涉及哲学或心理学的，却如此经常被忽视。

必须记住我们这个世界的定义：它只是投射到意识层面的无

1　灰质（grey matter）是中枢神经系统的重要组成部分，可以对传入的信息做深入处理，形成复杂的神经回路。

限存在。无限的一小部分投射到意识上，这就是所谓的我们的世界。所以，存在着一个超越的无限者，而宗教必须处理这两者：一是我们称之为世界的这一小块东西，二是超越的无限者。任何只处理其中一者的宗教都是有缺陷的。它必须处理这两者。处理意识层面的那部分——无限者的一部分在意识层面上被把握到、处于时空和因果关系的牢笼中——对我们来说是很熟悉的，因为我们已经在它之内了，而且关于这个世界的观念很久以来就一直伴随着我们。处理超越的无限者的那部分，对我们而言则是全新的，关于它的观念会在大脑中产生新的渠道，扰乱整个系统。这就是为什么你会发现，在瑜伽练习中，普通人首先必须脱离自己的轨道。为了尽可能减少这样的扰乱，帕坦伽利设计了所有这些方法，我们可以练习其中最适合自己的方法。

35. 那些带来非凡感知的专注，会让心灵变得坚定不移。

这是专注带来的自然而然的结果。瑜伽士说，如果心灵专注于鼻尖，几天后一个人就可以开始闻到奇妙的芳香；如果专注于舌根，就会开始听到声音；如果专注于舌尖，就会开始品尝到美味；如果专注于舌中部，就会觉得似乎在接触某个东西；如果专注于上颚，就会开始看到奇特的东西。如果一个心灵被扰乱的人想要进行一些瑜伽练习，但又怀疑这些练习的真理性，那么在经过少量的练习后，上述事情就会发生，由此他就可以打消疑虑并变得坚定不移。

36. 或者 [通过冥想] 辉煌的光芒（Effulgent Light），这光芒是超越了所有忧愁的。

这是另一种专注。要这样冥想：想到心中的莲花，花瓣是朝下的，中脉则贯穿其中。吸气，然后在呼气时想象那朵莲花的花瓣转向上方，莲花之内则散发出辉煌的光芒。

37. 或者 [通过冥想] 一颗心，它已经放弃了一切对感官对象的执着。

就拿某位圣人来说吧，他是某个你崇敬的人，某个你所知道的完全无执着的圣者，去冥想他的心吧。那颗心已经变得无所执着，冥想那颗心，这会让你的心灵平静。不行的话，你还可以试试下面的方法：

38. 或者通过冥想睡梦中出现的知识。

有时，一个人会梦到天使来到自己身边并同自己说话，会梦到自己处于狂喜（ecstatic）的状态，梦到自己听见飘荡在空中的音乐。在这样的梦里，他处于欢喜的状态，当醒来时，这会给他留下深刻的印象。把这样的梦境想象为是真实的，并冥想它。如果做不到这一点，也可以冥想任何让你感到满足的神圣之物。

39. 或者通过冥想任何吸引你的好的事物。

这并不指任何邪恶的主题，而是指任何你最喜欢的好的东西、地方、风景、想法，或能够让心灵专注的东西。

40. 这样，从原子直到无限，瑜伽士的心灵都变得畅通无阻。

通过这种练习，心灵可以很容易地沉思最微小的东西，也可以很容易地沉思最巨大的东西。心灵的波动变得更加微弱。

41. 心念已经变得微弱 [或者说得到掌控] 的瑜伽士，会在认知者、认知 [工具] 和被认知的对象 [即大我、心灵和外部对象] 中获得专注性和一致性（concentratedness and sameness），就像 [在不同颜色对象前的] 水晶一样。

这样持续的冥想会产生什么？我们必须记住，在之前的经文里帕坦伽利是如何阐述冥想的不同状态的：首先是粗大的对象，然后是精微的对象，接着再进一步前进到更精微的对象。这些冥想带来的结果是，我们可以像冥想粗大对象那样轻松地冥想精微对象。瑜伽士在这里看到了三样东西：认知者、被认知的对象和认知工具，它们分别对应着大的灵魂、外部对象和心灵。我们有三个冥想的对象：首先是作为身体或物质对象的粗大事物；其次是作为心灵、心质的精微事物；然后是受限制的原人（the puruṣa qualified），这不是原人本身，而是自我性（Egoism）。通过练习，瑜伽士在所有这些冥想中都取得成功。只要进行冥想，他就可以排除其他一切思想，与自己所冥想的东西合而为一。当冥想时，他就像是一块水晶。在鲜花面前，水晶几乎与鲜花合而为一。如果花是红的，水晶看上去就是红的；如果花是蓝的，水晶看上去就是蓝的。

42. 声音、意义和所产生的知识被混合在一起，这 [被称作] 有思考三摩地。

声音在这里指的是振动，指的是传导它的神经流，知识指的则是反应。我们之前讲到的所有冥想都是帕坦伽利所说的有思考三摩地，即"带着质询的"冥想[1]。随后他给予我们越来越高级的冥想。在带着质询的冥想中，我们保留了主体与客体（subject and object）的二分，这种二分产生自语词、意义和知识的混合。首先存在的是外部振动，也就是语词。被感官之流带向内部的则是意义。然后心质中会出现一种反应性的波动，这就是知识。但其实只有上述三者的混合才构成了我们所说的知识。在到目前为止的所有冥想中，我们都把这种混合物作为冥想的对象。接下来的三摩地则更为高级。

43. 当记忆得到完全的净化或没有任何性质、只表达 [冥想对象的] 意义时，就会 [出现] 无思考三摩地。

通过练习对这三者的冥想，我们将达到它们并不融合在一起的状态，可以摆脱它们。首先需要了解这三者是什么。先是心质，你们要始终记住心灵材料是湖水这个比喻，而振动、语词和

---

1 在这里和其他一些地方，辨喜似乎没有严格区分专注、冥想和三摩地这三个阶段。类似的现象并不罕见，比如在佛教中，"禅"（即冥想）与"定"（即三摩地）有时被明确地区分（比如在"四禅八定"中，四种禅与四种定显然是不同的），有时又被放在一起谈论（比如在八正道中，"禅"与"定"都被归属到"正定"的范围内）。这或许反映出三者本身就具有密不可分的关联，但我们也不应忽视它们之间的差别。

声音就像是湖面上出现的波动。你们自身之内就有这样一片平静的湖水，此时我说出一个语词"牛"。一旦它穿过你的耳朵，就会在你的心质上制造出一股波动。这股波动就代表了我们称之为牛的观念、形式或意义。你所知道的那头表面上的牛，其实是心灵材料中的波动，是对于内部和外部声音振动的反应。是声音引起了这样的波动，后者不可能离开语词而存在。你们或许会问，当我们只是思考牛而不是真的听到声音时，情况是怎样的呢？这时，你们自己发出了声音。你们在心灵中默默地说"牛"，由此产生出波动。如果没有声音的推动，就不可能有任何波动出现。如果这种推动不是来自外部的，那就是来自内部的，当这种声音消失时，波动也会消失。那么剩下的是什么呢？剩下的就是反应的结果，也就是知识。这三者在我们的心灵中如此紧密地结合在一起，以至于我们无法分离它们。当声音出现时，感官会发生振动，而波动会在反应中出现；它们前后紧紧相随，以至于无法被区分开。在长时间练习冥想后，记忆——也就是所有印象的容器——会变得纯净，我们就可以清楚地把它们区分开了。这就被称作"无思考三摩地"，即无质询的专注。

44. 通过这样的过程，有观察的和无观察的 [三摩地][1]——后者的对象更加精微——[也] 得到说明。

再次运用与之前类似的过程。只不过在之前的冥想中对象是

1　辨喜在这里的原文是"有分辨（discrimination）的和没有分辨的 [专注]"，为了与前后经文保持一致，只好如此翻译。

粗大的，在这里则是精微的。

45.更精微对象的终点是本因[1]。

粗大的对象不过是元素和从元素中被制造出的一切。精微对象开始于精微元素或精微粒子。器官、心灵（心灵或共同的感觉中枢、所有感官的聚合）、自我性、心灵材料（所有显现的原因）、三性的均衡状态——也就是本因、原质（prakṛti）或未显——都被囊括在精微对象的范畴之内，只有原人（大的灵魂）除外。

46.这些三摩地是有种子的。[2]

这样的专注不会破坏过去行为的种子，因此不能带来解脱，但下面的经文陈述了它们会带给瑜伽士的东西。

47.无观察三摩地得到纯化，心质会变得稳固。

48.其中的知识被称作是"充满了真理"的。

下一条经文会解释这一点。

49.从证言和推理中得到的知识是关于普通对象的。从上述

1　"本因"的原文是"pradhāna"，本意是事物主要的、最重要的部分。从下文看，辨喜用这个词来指代原质或未显。

2　意即上述所说的四种：有思考三摩地、无思考三摩地、有观察三摩地、无观察三摩地，这些都是有种子三摩地。辨喜这里的原文是"这些专注都是有种子的"，为了与前后经文保持一致，只好如此翻译。

三摩地中得到的知识则是更高层次的，能够渗入推理和证言无法到达的地方。

这里表达的想法是：我们必须通过直接感知、由此所做的推理、有资格的人的证言，才能获得关于日常对象的知识。瑜伽士所说的"有资格的人"指的是仙人，或者经典——吠陀——中记录的思想的见证者。在瑜伽士看来，对经典的唯一证明就是，这些经典是有资格的人的证言。但他们也说经典并不能把我们带向亲证。我们可以阅读所有的吠陀，却仍然无法亲证任何东西，只有当我们去实践它们的教导时，才能亲证经典所说的东西，这种状态会渗透到理性、感知或推理都无法达到的地方，会渗透到他人的证言无法起作用的地方。这就是这条经文的意思。

亲证是真正的宗教，其他东西都不过是在做准备——听演讲、读书、推理，这些都是在打基础，并不是宗教。理智上的认同或不认同并不是宗教。瑜伽士的核心想法是，正如我们直接接触到感官对象一样，宗教也可以在比感官更强烈的程度上被直接感知到。宗教的真理，比如神和大的灵魂，并不能被外部感官感知。我不能用自己的眼睛看到神，也不能用我的手触摸袘，我们也知道自己的理性无法超出感官。理性让我们处于非常不确定的处境，我们可以推理出自己全部的轮回转世，推理出世界已经存在了数千年，但这些推理的结果却是：我们并没有能力来证实或证伪关于宗教的事实。我们把自己直接感知到的东西作为基础并做出推理。显而易见的是，推理必须在感知的限度内运行，它无法超越这些限度。因此，亲证的范围完全超越了感觉和感知。瑜伽士说，一个人可以超越自己直接的感知，也可以超越自己的理性。人自身之内就拥有这样的能力和力量去超越自己的理智，这样的力量存在于每个存在者之内、存在于每个生物之内。通过瑜伽练习，这样的力量被唤起，然后人们就可以超越理性通常的限制，直接感知到超越于所有理性的东西。

50. 从这种三摩地中产生的潜印象会阻止其他潜印象。

在之前的经文中我们已经看到，达到那种超意识的唯一方法就是专注。我们还看到，阻碍心灵专注的是过去的潜印象。你们所有人都已经观察到，当试图让心灵专注时，你们的思想会变得散漫。当试图思考神时，这些潜印象就会出现。在其他时候它们并不那么活跃，可是当你不希望它们出现时，它们却一定会冒出来，尽其所能在你的心中闹腾。为什么会这样？为什么在尝试专注时它们会变得更强烈？这是因为你在压制它们，它们就会用尽力量做出反应。在其他时候它们并不做出反应。过去的潜印象一定是数不清的，储藏在心质中的某个地方，如猛虎一样等待机会一跃而出！必须压制它们，让我们想要的想法出现，并排除其他的想法。可与我们设想的不同，它们都在同时努力浮现出来。这些就是阻碍心灵变得集中的潜印象的各种力量。由于刚刚提到的那种三摩地具有压制这些潜印象的力量，所以是最佳的练习。通过这种专注被唤起的潜印象会非常强大，以至于可以阻碍和控制其他活动。

51.通过对这种 [潜印象——它阻止了其他所有潜印象——] 的抑止，一切都得到了抑止，由此就会出现无种子三摩地。

你们要记住，我们的目标是感知大的灵魂自身。之所以无法感知大的灵魂，是因为它已经与自然、心灵和身体融为一体。无知的人会认为自己的身体就是大的灵魂，博学之人则会认为自己的心灵就是大的灵魂，可他们都错了。是什么使得大的灵魂与这些东西融为一体？是心质中不同的波动，它们涌起并覆盖了大的灵魂。通过这些波动，我们只能看到大的灵魂的一点点反射。所以，如果这些波动是愤怒的，我们就会看到大的灵魂是愤怒的，一个人就会说"我是愤怒的"。如果这些波动是充满爱的，我们就会看到自己反射在那样的波动中，并且说自己是充满爱的。如果那些波动是软弱的，而且大的灵魂反射在其中，我们就会认为自己是软弱的。这些不同的观念都来自潜印象，它们覆盖了大的灵魂。只要心质之湖中还有一丝波动，大的灵魂的真正本性就不会被感知到。在所有波动消退之前，真正的本性永远不会被感知到。

所以，帕坦伽利首先教给我们这些波动的意义；其次，他教给我们压制它们的最佳方法；接着，他教给我们如何让一股波动变得如此强大，足以压制所有其他波动，这就是以其人之道还治其人之身。当只有一股波动存留下来时，它就很容易被压制了，当它也消失的时候，相应的三摩地或专注就被称为是无种子的。

它不会留下任何东西，而大的灵魂会在自身的荣耀中如其所是地显现出来。只有这样，我们才会知道大的灵魂并不是复合的，祂是宇宙中唯一永恒的简单物，因此不可能出生或死亡。祂是智能的本质：不朽、不可毁灭、亘古永存。

第二章
专注：实践[1]

1. 苦行、学习和把行动的成果奉献给神，这被称作瑜伽实修（kriyāyoga）[2]。

在上一章结束时谈论的那些三摩地是很难达到的，所以我们必须慢慢地进行。第一步，即预备性的步骤，就是瑜伽实修。这个词在字面上的意思是去工作、朝向瑜伽工作。器官是马匹，心灵是缰绳，理智是驭手（charioteer），灵魂是骑手（rider），身体是战车。主人、国王、人的大我，就坐在这辆车上。如果马匹非常强壮却不服从缰绳的驾驭，如果驭手—理智不知道如何掌控

---

1 《瑜伽经》原文中这一章的标题是 sādhana，意为成就、修习。

2 "kriyāyoga" 的音译是 "克里亚瑜伽"，这个词在现在的瑜伽练习中通常指一套由一些特定练习组成的瑜伽修行方法，包括唱诵、调息、冥想等，这是在近现代印度发展出来的。而在《瑜伽经》里，"kriyāyoga" 的本意并不是指某一种具体的瑜伽练习，而是概括地指瑜伽实践、做瑜伽（"kriyā" 的字面意思就是实践、行动），辨喜将其解释为三摩地的预备性阶段。"kriyāyoga" 在黄宝生译《瑜伽经》中被译为 "行动瑜伽"，但业瑜伽（karma yoga）有时也被译作 "行动瑜伽"。为了不产生上述歧义，本书将 "kriyāyoga" 译为 "瑜伽实修"。

马匹，战车就会陷入麻烦中。但如果器官—马匹得到了很好的掌控，并且缰绳—心灵被很好地掌握在驭手—理智的手中，战车就会到达目标。苦行（mortification）的意思是什么呢？要牢牢抓住缰绳，同时引导身体和器官，不让它们做自己喜欢的事情，让它们都处于适当的掌控下。

那么，学习又是什么意思呢？这指的并不是学习小说或故事书，而是学习那些教导灵魂解脱的作品。这种学习的意思完全不是指有争议的研究。瑜伽士应该已经完成了这种有争议的研究，已经在这方面做得足够多，并感到满意。他只会通过学习来增强自己的信念。理论（vāda）和结论（siddhānta）是经典中的两种知识，分别指有待论证的东西（the argumentative）和已确定的东西（the decisive）。当一个人完全无知时，他应该做出论证性的努力，从正反两方面进行推理；在完成这个阶段后，他就要接受已确定的东西，得出结论。仅仅得出结论是不够的，还必须要加强。书本的数量是无限的，人的时间却很有限，因此，知识的秘诀就在于把握本质性的东西。要接受这些本质性的东西并践行它们。有这样一个古老的印度传说：如果你把一杯牛奶和一杯水放在一只天鹅面前，它会取走牛奶而留下水。我们就应该这样获得知识中有价值的东西而舍弃糟粕。理智上的操练是首要的，我们绝不能盲目地进行任何事情。瑜伽士已经通过了论证性的阶段并且得出了结论，就像岩石一样稳固。他现在唯一需要做的就是增强这种结论。他说：不要争论，如果有人把自己的观点强加给你，你就保持沉默。不要回应任何争论，而是平静地离开，因为争论只会扰乱心灵。唯一必要的事情就是训练理智，白白扰乱理智又有什么用呢？理智不过是一种脆弱的工具，只能给予我们受到感官限制的知识。瑜伽士想超越这些感官，因此，对他来说理智并没有什么用处。他很确信这一点，并因此保持沉默，不参与争论。每次争论都会让心灵失去平衡，在心质中产生扰动，而这种扰动显然是一种缺点。论证和理性的探寻不过是顺便做的事情，还有超越于它们之上的高级得多的东西存在。整个生命并不是为了进行小学生式的争斗或是参加辩论会。

"把行动的成果奉献给神"，这是说我们不应该因为这些东西而得到褒奖或指责，要把它们献给万物之主并保持宁静。

2. [这是为了] 练习三摩地并让烦恼的障碍最小化。

我们中的大多数人都让自己的心灵变得像一个被宠坏的孩子，让它做任何自己想做的事情。因此，有必要不断练习瑜伽实修，以获得对心灵的掌控，让它变得臣服。瑜伽的障碍主要来自控制力的缺乏，并因此让我们感到痛苦。这些障碍只能通过瑜伽实修的方法——否定心灵并让它处于掌控之下——被清除。

3. 带来痛苦的障碍是——无知、自我性、贪恋（attachment）、憎恨和对生命的执着。

这是五种痛苦，是束缚我们的五重纽带，其中，无知是它们的原因，另外四种则是结果。它是我们所有苦难的唯一原因。还有什么别的东西可以让我们变得不幸呢？大的灵魂的本性就是永恒的欢喜。除了无知、幻觉、妄想之外，还有什么能使它忧伤？大的灵魂的任何痛苦都不过是妄想。

4. 无知是产生其他障碍的基础，无论它们是蛰伏的、微弱的、被压制的还是活跃的。

无知是自我性、贪恋、憎恨和对生命的执着的原因。这些潜印象存在于不同的状态里。它们有时是蛰伏的，你们常会听到这样的表达："像婴儿一样纯洁"，但在婴儿那里可能也存在着魔鬼或神祇的状态，这些状态会逐步浮现出来。在瑜伽士那里，这些由过去行为造成的潜印象变得很微弱，它们以非常精微的状态存在着，瑜伽士可以掌控它们，而且不允许它们显现。"被压制的"是说，一组潜印象有时会被其他更有力的潜印象压制一段时间，但在压制的原因被移除后，它们就会再度浮现出来。最后的状态是"活跃的"，当潜印象处于有益的环境中时，就会获得巨大的活力，这可能是善的，也可能是恶的。

5. 无知是将无常、不净、苦和非我 [分别] 呈现为永恒、纯洁、快乐和真我（ātman）或大我。[1]

不同种类的潜印象其实都拥有同一个来源，那就是无知。我们首先要了解什么是无知。我们都认为："我是这具身体，而不是纯洁、辉煌、永远欢喜的大我"——这就是无知。我们把人当作、

1　这里的说法与佛教相似，佛教中把"常乐我净"称为"四颠倒"，相应的真相则是无常、苦、无我、不净。

看作身体，这是巨大的妄想。

6. 自我性就是把见者（seer）等同于看的工具。

见者其实是大我、纯洁的一、永远神圣者、无限者、不朽者。这就是人的大我。而工具是什么呢？是心质（心灵材料）、觉（决定性的官能）、意根（心灵）、诸根（感觉器官）。这些都是他去看外部世界的工具，而把大我等同于这些工具，就被称作自我性的无知。我们会说"我是心灵""我是思想""我是愤怒的""我是幸福的"，可我们如何可能愤怒或仇恨？我们应该把自己等同于那个不会改变的大我。如果祂是不会改变的，那么怎么可能此刻是快乐的、下一刻又不快乐了呢？祂是无形式的、无限的、全在的。什么能改变祂？祂超越了所有法则。什么能影响祂？宇宙中的任何东西都不可能对祂产生影响。但由于无知，我们把自己等同于心灵材料，并认为自己会感到快乐或痛苦。

7. 贪恋是居于快乐中。

我们在某些事物中发现快乐，而心灵就像是一股涌向它们的流。这种快乐的核心就是贪恋。我们永远不会贪恋自己无法从中发现快乐的东西。有时我们会在非常奇怪的事物中发现快乐，但原则并没有改变：我们会贪恋任何能发现快乐的地方。

8. 憎恨是居于痛苦中。

对于带来痛苦的东西，我们要立即摆脱。

9. 对生命的执着在我们的本性中流动，甚至博学之人也会这样。

这种对生命的执着显现在每个动物身上。在这样的基础上，大家进行了很多尝试以建立关于来生的理论，因为人们如此热爱生命，以至于渴望来生。当然，不言而喻的是，这样的论证并没有什么价值，但它最令人好奇的部分是，在西方国家，这种对生命的执着的观念似乎在暗示说，来生的可能性只适用于人类，却并不包括动物。在印度，这种对生命的执着是证明前世经验和存在的论证之一。例如，如果我们的所有知识的确都来自经验，那么可以肯定的是，我们不可能想象或理解自己从未经历过的东西。小鸡一旦被孵化出来就会开始啄食。我们也多次看到，鸭子可以被母鸭孵化出来，一旦破壳而出，小鸭子就会扑到水里去，而母鸭还以为它们会淹死。如果经验是知识的唯一来源，那么小鸡是从哪里学会啄食的呢？小鸭子又是从哪里学会游泳的呢？说这是本能并没有什么意义——这不过是给出一个没有得到任何解释的语词。本能是什么？我们自己身上就有很多本能。例如，很多女士都弹钢琴，这些女士肯定记得，自己第一次学习弹钢琴时，是多么小心地把手指放在黑白相间的琴键上；但经过多年的练习后，你们已经可以一边弹琴一边与好友谈笑风生。它变成了本能。我们所做的每项工作都是如此，通过练习，它们变成了本能，变成了自动发生的。但就我们所知的范围内而言，现在被当作是自动发生的东西，其实都是衰退的理性。在瑜伽士的语言中，本能就是退化的理性。分辨力（discrimination）会退化，成为自动的潜意识。因此，这样的看法是完全合逻辑的：世上所有被我们称为本能的东西不过都是退化的理性。既然没有经验就不会有理性，那么所有本能就都是过去经验的结果。小鸡害怕老鹰、小鸭子喜欢水，这些都是过去经验的结果。那么问题就是：这些经验是属于一个独特的灵魂还是仅仅属于身体？鸭子所获得的经验是其前辈的经验还是自己的经验？现代科学家认为它们属于身体，但瑜伽士则认为它们是心灵的经验，只是通过身体来传递而已。这就是轮回理论。

我们已经看到，所有知识——无论我们把它称为感知、理性还是本能——都必须通过名为经验的渠道来获得，而所有现在被称为本能的东西都是过去经验的结果，这些经验衰退为本能，本能再重生为理性。这样的事情遍布整个宇宙，在印度对轮回所做的主要论证之一就建基于此。随着时间流逝，各种恐惧的经验反复出现，这造就了对生命的执着。这就是为什么孩子会本能地感到恐惧，因为过去的痛苦经验就在他之内。一个最博学的人，他知道身体终会消失，并且说道"没关系，我们拥有数百具身体，灵魂不会死亡"——即便在理智上拥有这种信念的人那里，我们仍然会发现对生命的执着。这是为什么呢？因为它已经变成了本能。用瑜伽士的心理学语言来说，它变成了潜印象。这些精微和隐藏着的潜印象沉睡在心质中。所有过去关于死亡的经验、所有我们称为本能的东西，都是变成了潜意识的经验。它存活在心质里，并非不活动的，而是在底层起作用。

粗大的心念，或者说粗大的心灵波动，是我们可以感觉到的，它们可以被更容易地掌控，但更精微的本能呢？它们如何被掌控？愤怒时，我的整个心灵都变成了巨大的愤怒的波动。我感到它、看到它、应对它，可以轻松地操控它，可以与它搏斗，但除非能够深入它的原因，否则我不可能在这场战斗中取得完全的成功。一个人对我说了一些恶劣的话，我感到自己开始变得激动，而他还在继续，直到我怒气冲冲并忘记了自己，把自己等同于生气。当他开始辱骂我时，我在想"我会变得愤怒"。愤怒是一回事，我是另一回事；可当我变得愤怒时，我就成了愤怒。在我们能够意识到它们起作用之前，这些还处于种子中的、在根部的、在精微形式中的感觉必须被掌控。对绝大多数人来说，这些精微的情绪状态——在这样的状态中，情绪从潜意识里浮现出来——甚至并不为自己所知。气泡从湖的底部升起，我们不会看到它，甚至当它接近湖面时都看不到它，只有在破裂并产生出涟漪后我们才知道它的存在。只有当能够在精微的原因中捕捉到波动时，我们才可以成功把握住波动，除非我们能够把握住波动并在它们变得粗大之前压制住它们，否则就不能完全成功地征服任何情绪。为了控制情绪，我们必须从根上掌控它们，只有这样才能烧焦它们的种子。正如烧焦的种子即使被种到地里也不会长出东西来，这些情绪也永远不会再出现。

10.还处于起因状态时就被消除，精微的潜印象就这样被克服。

潜印象是精妙的印象，它们随后会以粗大的形式显现出来。

如何掌控这些精微的潜印象呢？通过把结果化解为原因。只有当作为结果的心质被化解为其原因——也就是自我性——时，精微的印象才会随之消失。冥想并不能摧毁这些。

11. 通过冥想，[粗大的] 变动被排除。

冥想是控制这些波动涌起的一种重要方法。通过冥想，你可以让自己的心灵压制这些波动。如果坚持练习几天、几个月乃至几年，直到它成为你的一种习惯，直到它不由自主就会出现，愤怒、仇恨就会被掌控。

12. "业的容器"的根基在于带来痛苦的障碍，关于它们的经验可能存在于可见的生命中，也可能存在于不可见的生命中。

"业的容器"指的是潜印象的总和。无论做什么事情[1]，我们的心灵都会产生波动，在事情完成后，我们会认为波动就消失了。但并非如此。它只是变得精微了，却仍然存在。当我们尝试记住所做的事情时，它就会再次出现并变成波动。它仍然存在；否则的话，就不会有记忆存在。每一个行为、每一个思想，无论好坏，都会平息下去并变得精微，然后被储存起来。幸福和不幸福的想法都被称作是带来痛苦的障碍，因为根据瑜伽士的说法，它们从长远来看都会带来痛苦。来自感官的所有幸福最终都会带来痛苦。所有享受都会让我们渴求更多，结果就是带来痛苦。人

1　这里的做事情是"do work"，"work"也是辨喜对"业"的翻译，所以这里也可以理解为"造业"。

的欲望是无止境的，他会不断渴求，当渴求无法满足时，结果就是痛苦。因此，瑜伽士把无论好坏的印象的总和都当作带来痛苦的障碍，这些障碍阻挠了通向灵魂自由的道路。

潜印象也是如此，它是我们一切行为的精微的根源，会在今生或来生产生影响。在一些特殊情况下，潜印象会非常有力，它们会立即结出果实，比如极度的恶行或善行会在今生就开花结果。瑜伽士认为，能够获得巨大的好的潜印象力量的人不必死亡，甚至在今生就可以把自己的身体变成神祇的身体。瑜伽士在自己的书中提到了一些这样的情况。这样的人改变了构成自己身体的物质，他们让分子重新排列，使得自己不会生病，这样我们所说的死亡就不会降临在他们身上。这有什么奇怪的呢？食物在生理上的意义就是吸收来自太阳的能量。这样的能量已经被植物吸收，植物被动物吃掉，动物再被人吃掉。这其中的科学原理就是：我们从太阳中吸收了如此多的能量，并使之成为自己身体的一部分。既然如此，为什么只存在一种吸收能量的方式呢？植物吸收能量的方式与我们不同，地球吸收能量的方式也与我们不同，但所有这些东西都以一种或另一种方式在吸收能量。瑜伽士说，他们可以仅仅依靠心灵的力量吸收能量，可以通过与通常不同的方式、按照自己的愿望来尽可能多地吸收能量。蜘蛛用自己分泌的物质织网，这张网会变成它的束缚，它只能沿着网上的线行进。同样，我们也从自身之内投射出被称作神经的网络，只能沿着神经的渠道来行动。可瑜伽士说，我们并不需要被此束缚。

同样，我们可以把电力输送到世界的任何角落，但必须借助电线。可大自然完全不需要电线就可以发出巨大的电力。我们为什么不能做到同样的事情呢？我们可以发出精神上的电力。被我们称为心灵的东西与电力几乎是一样的。神经的流动显然具备一定的电力，因为它是有极性的，可以回应所有的电流方向。我们只能通过这些神经渠道发送自己的电力。可为什么不能不借助这套东西来发送精神上的电力呢？瑜伽士说这完全是可能和可行的，当你能做到这一点时，就能在整个宇宙中任意运作。你将能用任何地方的任何身体来工作，无需神经系统的帮助。当灵魂通过这些渠道行动时，我们说一个人在活着，当这种行动停止时，我们说他死了。可如果一个人在无论有没有这些渠道时都能够行动，生与死对他而言就没有任何意义了。宇宙中的所有形体都是由精微元素组成的，它们的差别在于精微元素的排布方式。如果你是做出排布的人，就可以用一种或另一种方式来排布一具身体。除了你之外，还有谁能够组成这具身体？是谁在吃食物？如果是另一个人为你而进食，你就不会再活下去。是谁从食物中制造血液？当然是你。是谁在净化血液并通过血管输送血液？当然是你。我们是身体的主人，我们在它之内存活。只不过，我们失去了让它重新获得活力的知识。我们变得不由自主了、衰退了。我们忘记了排布分子的过程。必须带着觉知去做那些不由自主的事情。我们就是主人，我们要调控这种排布，一旦能够做到这一点，我们就能够按照自己的意愿来重新获得活力，这样我们就不会出生、生病或死亡。

13. 根基存在着，其果实以物种、生命、苦乐经验 [的形式] 出现。

潜印象存在于根基或原因中，它们显现出来并形成结果。垂死的原因会变成结果，变得精妙的结果会成为下一个结果的原因。树会结出种子，这会成为另一棵树的原因，以此类推。我们现在所有的业都是过去潜印象的结果，同样，这些业会形成新的潜印象，它们又将是未来行为的原因，如此继续下去。这条经文是说，原因存在着，而果实一定会结成物种的形式：有的会成为人，有的会成为天使、动物或魔鬼。生命中存在着业力的不同结果。一个人活了五十年或一百年，另一个人则在两岁时就夭折了，所有这些差异都由过去的业力掌控。一个人因为愉悦而出生，即便栖身在森林里也会感到愉悦。另一个人则无论走到哪儿都痛苦缠身，一切对他来说都是痛苦。这是他们前世行为的结果。根据瑜伽士的哲学，所有有德性的行为都会带来愉悦，而所有邪恶的行为都会带来痛苦。任何作恶的人都一定会自食其果。

14. 德性或邪恶是原因，愉悦或痛苦是果实。

15. 对于有分辨力的人来说，一切都是痛苦的，因为任何东西都会带来痛苦，或者作为结果，或者作为对失去幸福的焦虑，或者作为由幸福的印象所产生的新渴求，或者作为三性[1]

1　三性即悦性、激性和惰性。

的对立。

瑜伽士说，一个有分辨力的、明智的人，会看穿所有所谓的愉悦和痛苦，并且知道这些是无处不在、彼此融为一体的。他会看到，有人终其一生都在追寻虚无缥缈的目标，最终却竹篮打水一场空。伟大的坚战王[1]曾说过，生命中最奇怪的事情是，我们无时无刻不看到周围的人死去，却认为自己永远不会死。我们看到自己周围都是些傻瓜，却认为自己是唯一的例外、唯一的博学之人。我们被各种反复无常的经验包围，却认为自己的爱是唯一恒久的。这怎么可能呢？甚至爱都是自私的。而瑜伽士说，最终我们会发现，即使是夫妻之间的爱、对孩子和朋友的爱，也终究会慢慢消逝。堕落牢牢抓住了今生的一切，只有当包括爱在内的一切都在转瞬之间消散时，人们才会发现这个梦境一般的世界是何等虚幻。然后他会瞥见弃绝，瞥见超越者。只有放弃这个世界，另一个世界才会出现，抓住这个世界不放是不会让另一个世界出现的。从不存在一个伟大的灵魂，不拒绝感官的愉悦和享受就获得了自己的伟大。苦难的原因是不同自然力量之间的冲撞，一种力量拖拽着另一种，彼此纠缠着，让恒久的幸福变得不可能。

16. 尚未到来的痛苦可以排除。

我们已经造了一些业，现在还在造业，还有一些业正等待着

1　坚战王（Yudhiṣṭhira）是《摩诃婆罗多》的主人公之一，为般度族首领，代表了正义的力量。

在将来开花结果。第一种业是过去的、已经确定了的，第二种也是我们一定会去做的，只有等待着在将来开花结果的业才是能够被征服和掌控的，我们的所有力量都应该被指向这些业。这就是帕坦伽利如下说法的意思：还处于起因状态时就被消除，精微的潜印象就这样被克服（第二章第 10 条经文）。

17. 应该被排除的原因是见者与所见之物的结合（junction）。

谁是见者？就是人的大我，即原人。什么是所见之物？就是整个自然，上至心灵，下至粗大的物质。所有愉悦和痛苦都产生自原人和心灵的结合。你们必须记住，根据这种哲学，原人是纯洁的，当与自然结合在一起时，它就显现为通过反射而感觉到愉悦或痛苦。

18. 被经验者由元素和器官组成，由光明、活动和停滞的本性组成，它们是为了 [让经验者] 经验和解脱。

被经验者就是自然，由元素和器官组成——粗大和精微的元素构成了整个自然、感觉器官、心灵等等——也由光明（悦性）、活动（激性）和停滞（惰性）的本性组成。整个自然的目的是什么呢？就是让原人获得经验。原人似乎已经忘记了自己非凡、神圣的本性。有这样一个故事：众神之王因陀罗[1] 有一次变成了一头猪，沉溺在泥潭中，他拥有一头母猪和很多猪仔，非常幸福。有些神祇看到他的苦境，就告诉他：“你是众神之王啊，所有

1　因陀罗（Indra）又名帝释天（Śakra），是印度教神明，最初被认为是众神之首和雷神，后来地位逐渐衰落。

神祇都听从你的指令。你为什么在这里？"可因陀罗回答说："没关系，我在这里挺好的，我拥有自己的母猪和猪仔，不关心天界的事。"可怜的众神祇束手无策了。一段时间之后，他们决定一头头地杀死所有的猪。当所有猪都死了之后，因陀罗开始哭泣和哀号。众神祇撕开了他猪的身体，他从里面出来了，当意识到这是一场可怕的梦境之后，他就开始大笑——他，众神之王，竟然变成了猪，而且以为猪就是唯一的生命！不仅如此，他竟然还希望整个宇宙都变成猪这种生命！在将自己等同于自然时，原人就忘记了自己是纯洁的、无限的。原人并不去爱，而是爱本身。它并不存在，而是存在本身。大的灵魂并不需要知道任何东西，它就是知识本身。说大的灵魂去爱、存在或知道，这都是错误的。爱、存在和知识并不是原人的性质，而是其本质。当它们反射在某个东西上时，你可以说它们是那个东西的性质。它们并不是原人、伟大的真我、无限存在者——祂无生无死，矗立在自己的荣耀中——的性质，而是其本质。它看上去变得衰退了，以至于如果你告诉它"你不是一头猪"，它会开始尖叫和撕咬。

在摩耶（māyā）中、在梦境般的世界中，我们所有人都是如此。这里到处都是苦难、哭泣和哀号，偶尔滚过来几只金球，全世界都去争抢它们。你们永远不受法则的束缚，自然也永远不曾约束你们——这就是瑜伽士告诉你们的，要耐心地学习这一点。瑜伽士已经展示了原人是如何认为自己是痛苦的：它把自身与自然相结合，把自身等同于心灵和世界。接着，瑜伽士继续表明，出路是要通过经验的。你们必须获得所有的经验，但要迅速地完成这一点。我们已经身陷这张网中，必须摆脱出来。我们陷入了陷阱，必须获得自由。所以，我们要获得关于丈夫、妻子、朋友和各种微小的爱的经验。如果你从没有忘记自己真正是什么，就能够安全地通过这些。绝不要忘记这只是一种暂时的状态，我们必须穿过这样的状态。经验是一位伟大的老师——无论是乐的还是苦的经验——但要知道这些也只是经验。它一步步地导向这样的状态：一切都变得渺小，原人则如此伟大，以至于整个宇宙仿佛都是从虚空中落下的一滴水，融入无限的海洋中。我们必须经历不同的经验，但永远不要忘记理想。

19. 这些性质的状态是确定的、未确定的、仅仅被指示出来的和无标记的。

正如我之前说的那样，瑜伽体系完全建基于数论哲学，而在这里我要再次提及数论哲学的宇宙论。根据数论的说法，自然既是宇宙的质料因又是其动力因。[1] 在自然中存在着三种物质：悦性的、激性的和惰性的。惰性物质完全是黑暗、无知和沉重的，激性物质是活跃的，悦性物质是平静、光明的。在创世之前，自然被称为未显，是未确定的、未分化的。在这样的状态中，没有形式和名称的区分，三种物质处于完全的平衡中。接着平衡被扰

1　"质料因"（material cause）和"动力因"（efficient cause）是来自亚里士多德的概念。这里的"因"严格来说并不是现在所说的原因，不是相对于结果而言的，而是在事物的运动变化中所涉及的因素。质料因指事物在变化中保持不变的质料或材料，动力因指推动事物开始运动变化的东西。除此之外，亚里士多德还提出了形式因和目的因，合称"四因"。

乱，三种物质开始以各种方式混合在一起，结果便产生了宇宙。这三种物质在每个人那里都存在。当悦性占据主导地位时，知识会出现；当激性占据主导地位时，活力会出现；当惰性占据主导地位时，黑暗、倦怠、懒散和无知会出现。根据数论，由这三种物质组成的自然的最高级显现，就是大（mahat）或智能、普遍的智能，每个人的理智都是它的一部分。在数论心理学中，意根（也就是心灵功能）和觉（也就是理智）之间存在着截然的区分。心灵功能只是收集和传递印象，把它们呈现给觉，也就是个体的大，由它来做出决定。从大中产生出自我性，从自我性中产生出精微的物质。这些精微的物质结合起来，形成外部的粗大的物质——也就是外部宇宙。数论哲学的主张是：上至理智，下至一块石头，一切都是同一种实体的产物，它们的差别仅仅在于存在状态是精微还是粗大。更精微的东西是原因，更粗大的东西是结果。根据数论哲学，超越于整个自然之上的是原人，它完全不是物质。原人与任何其他东西都毫不相似，包括觉、心灵、精微元素和粗大物质。它并不类似于上述任何一种东西，是完全独立的，在本性上完全不同。由此数论哲学论证说，原人一定是不朽的，因为它并不是任何结合的结果。不是结合的结果就不可能死亡。原人或灵魂在数量上是无限的。

现在我们可以理解这条经文的意思了：这些性质的状态是确定的、未确定的、仅仅被指示出来的和无标记的。"确定的"指的是粗大元素，我们可以感知到它们。"未确定的"指的是非常精微的物质，也就是精微元素，不可能被普通人感知到。但帕坦伽利说，如果练习瑜伽，在一段时间后你的感知就会变得足够精微，能真切地看到精微元素。例如，你们可能听说过，每个人都被特定的光环绕着，每个存在物都发出特定的光，帕坦伽利说，这光可以被瑜伽士看到。并不是所有人都能看到，但我们都散发着这些精微元素，正如花朵不断散发着精微的颗粒以让我们闻到它的芳香。我们在每天的生活中都会散发出大量的善与恶，而我们去到的任何地方也都充斥着这些物质。建造庙宇和教堂的想法就是这样在不知不觉中进入人类心灵里的。人们为什么要建造教堂并在里面崇拜神？为什么不在别的地方崇拜祂？即使并不知道原因，我们也会发现，在人们崇拜神的地方充满了善的精微元素。人们每天都去那里，去得越多就会变得越神圣，那个地方也会变得越神圣。如果有人在去那里之前并没有太多悦性，那个地方就会影响他，唤起他的悦性性质。这就是所有庙宇和圣地的重要之处，但你们必须记住，它们的神圣性依赖于聚集在那里的神圣的人群。人们总会遇到的困难是，忘记了本来的意义，而把本末倒置了。是人使得那些地方变得神圣，然后这种结果成了原因，并让其他人变得神圣。如果去那里的只有恶人，那个地方就会变得和别处一样糟。让教堂成为教堂的是人，而非建筑，我们必须始终记住这一点。这就是为什么拥有很多悦性性质的智者和圣人可以散发出悦性，并夜以继日地对周边环境产生巨大的影响。一个人可以变得非常纯洁，以至于这种纯洁变得触手可及，任何与他接触的人都会变得纯洁。

　　接下来，"仅仅被指示出来的"指的是觉，也就是理智。"仅仅被指示出来的"是自然的最初显现，所有其他显现都是从它开始的。最后是"无标记的"。在这个问题上，现代科学与所有宗教之间似乎有巨大的差异。每个宗教都拥有这样的观念：宇宙产生自智能。抛开人格化的观念不谈，就其在心理学上的重要性而言，关于神的理论主张：智能是创世的第一步，从智能中产生出我们所说的粗大物质。现代哲学家则说，智能是最后出现的。他们说，没有智能的东西会缓慢地进化为动物，然后从动物进化为人。他们声称，并不是一切产生自智能，相反，智能是最后出现的。尽管看上去是彼此对立的，但其实宗教和科学的陈述都是真的。让我们来看一条无限的序列：A—B—A—B—A—B，如此下去。问题是：A 和 B 哪个在先？如果你认为这个序列是 A—B，就会说 A 在先，但如果你认为它是 B—A，就会说 B 在先。这取决于我们如何看待这个序列。智能经过改变成为了粗大物质，然后会再次合并为智能，这个过程就这样继续下去。数论和其他宗教把智能放在第一位，这样这个序列就是智能在先、物质在后。科学家把物质放在第一位，这样智能就在后了。他们谈论的其实都是同样的序列。但是，印度哲学超越了智能和物质，发现了原人或大我，祂超越了智能，智能不过是从祂那里借来的光芒。

20. 见者只是智能，尽管是纯洁的，但它通过理智的色彩来看。

　　这还是在说数论哲学。我们已经看到，这种哲学主张，从最低级的形式到最高级的智能，一切都是自然。超越于自然之上的是原人（灵魂），它们并没有性质。那么灵魂怎么会显得是快乐或不快乐的呢？是通过反射。如果一朵红色的花被放在一块纯洁的水晶之前，水晶看上去就会是红色的，同样，灵魂快乐或不快乐的表象不过就是反射。灵魂自身是没有颜色的，是与自然相分离的。自然是一回事，灵魂是另一回事，二者永远是相分离的。数论主张，智能是一种复合物，它会增长、削弱、改变，正如身体会改变一样，它的本性几乎与身体相同。身体之于智能，正如指甲之于身体。指甲是身体的一部分，它可以被剪去数百次，而身体仍然存在。同样，智能也可以长久存在，而身体则可以被"剪去"、扔掉。但智能不可能是不朽的，因为它会改变——会增长或削弱。任何会改变的东西都不可能是不朽的。智能当然是被制造出来的，这个事实向我们表明，肯定还有什么东西超越于它之上。任何与物质相关联的东西都在自然之内，不可能是自由的，因此是永远受到束缚的。那么谁是自由的呢？自由者必须超越原因和结果。如果你们说自由的观念是一种妄想，那么我会说，束缚的观念也是一种妄想。我们意识到两个事实，它们要么都成立、要么都不成立——这就是我们关于束缚和自由的观念。如果我们想穿过一堵墙，头却撞到了墙上，我们就会看到自己受到那堵墙的限制。与此同时我们发现了一种意志力，认为我们可以把自己的意志指向任何地方。在每一步，这两种相抵触的观念都会浮现出来。我们不得不相信自己是自由的，又每时每刻都发现自己并不是自由的。如果其中一种观念是妄想，另一种就也是妄想；如果其中一种为真，另一种就也为真。这是因为双方都站立在同样的基础上，那就是意识。瑜伽士说，二者都是真的：就智能所及的范围内而言，我们是受到束缚的；就灵魂来说，我们则是自由的。是人的真正本性、灵魂、原人，超越了所有因果关系的法则。它的自由渗透到各种形式的物质层面，渗透到智能、心灵等等。是它的光芒照耀了一切。智能本身是不发光的。每种器官在大脑中都拥有一个独特的中枢，而不是所有器官共享同一个中枢，每个器官都是相分离的。那么为什么所有感知是和谐一致的？它们的统一性来自哪里？如果这种统一性来自大脑，那么所有器官——眼睛、鼻子、耳朵等——必须只拥有同一个中枢，但我们确定地知道每个器官都拥有不同的中枢。一个人可以同时看到和听到，所以在智能背后一定存在着一种统一性。智能与大脑关联在一起，但在智能背后还存在着原人，它把不同的感觉和感知结合在一起，变成一个东西。灵魂自身就是所有不同感知融合并变得统一的中枢。灵魂是自由的，正是它的自由在每时每刻告诉你们，你们是自由的。但你们错误地在每时每刻把自由与智能和心灵混为一谈。你们试图把那种自由归属给智能，却立即发现智能并不是自由的。你们把自由归属给身体，自然却也立即告诉你们，你们又错了。这就是为什么同时存在自由和束缚混合在一起的感觉。瑜伽士分析了什么是自由、什么是束缚，他的无知便消失了。他发现原人是自由的，是知识的本质，这种知识穿过觉，变成了智能，由此而变得受束缚。

21. 被经验的自然以原人为目的。

自然自身并没有光明。只有原人在它之中时，它才显得是有光明的。但这种光明是借来的，正如月光是反射的一样。在瑜伽士看来，自然的所有显现都是由自然自身引起的，但除了让原人获得自由，自然并没有其他目的。

22. 尽管对于已经实现目标的人来说，所见之物[1]消失了，但对于其他人来说，它并没有消失。

自然的整个活动都是为了让灵魂知道，它是与自然完全相离的。当灵魂知道了这一点，自然对它而言就不再有吸引力了。但整个自然只对已经变得自由的人而言才消失。总是还存在着无数其他的人，对这些人来说自然仍在运作。

23. 结合是亲证被经验者及万物之主的力量——这二者之本性的原因。

依据这条经文，当灵魂与自然结合在一起时，它们的力量都得到显现。然后所有显现就都被投射出来了。无知是这种结合的原因。我们每天都可以看到，自己痛苦或快乐的原因总是在于我们把自己与身体结合在一起。如果我完全确信自己不是这具身体，就不会注意冷热或任何类似的事情。身体是一种结合物。说我拥有一具身体、你拥有一具身体、太阳拥有另一具身体，这不过是虚构。整个宇宙都是一片物质的海洋，而你不过是一小块微粒的名称，我则是另一小块微粒的名称，太阳也是另一小块微

1　原文字面意思不明，依据黄宝生译《瑜伽经》补充完整。

粒的名称。我们知道，物质在不断改变着。现在组成了太阳的东西，将来或许就会变成组成我们身体的物质。

24. 无知是结合的原因。

由于无知，我们把自己与一个特定的身体结合在一起，于是就被抛向了苦难。身体的观念不过是一种迷信，这种迷信让我们变得幸福或不幸。这是一种由无知导致的迷信，让我们感到冷热、苦乐。我们的任务是超越这种迷信，而瑜伽士已经向我们表明了该怎么去做。我们已经看到，在特定的精神状况下，一个人可以在被灼烧时不感到疼痛。困难在于，心灵会突然巨变，这一秒还像旋风一样风起云涌，下一秒就立即烟消云散了。但是，如果我们通过瑜伽来前进，就会永远获得大我与身体的分离。

25. 当 [无知] 不存在、结合不存在——这是应该被避免的——见者便获得了独存（independence）。

根据瑜伽哲学，灵魂与自然的结合是出于无知。我们的目的就是摆脱自然对我们的掌控，这也是所有宗教的目标。每个灵魂潜在都是神圣的。我们的目标是通过掌控自然，在外部和内部显现这种神圣性。这可以通过工作、崇拜、灵力掌控（psychic control）或哲学[1]来实现——可以通过其中的一种或多种，也可以通过所有这些——然后变得自由。这就是宗教的全部。教义、教

---

1 这里应该分别对应着四种瑜伽：业瑜伽、奉爱瑜伽、王瑜伽和智瑜伽。

条、仪式、书籍、庙宇、形式都不过是些辅助性的东西。瑜伽士试图通过灵力掌控来达到这样的目标。除非能够从自然中解脱出来，否则我们就是奴隶，必须对她言听计从。瑜伽士声称，掌控了心灵的人也掌控了物质。内部的自然比外部的自然更高级，也更难战胜、更难掌控。因此，已经征服了内部自然的人也就掌控了整个宇宙，宇宙变成了他的奴隶。王瑜伽提出了获得这种掌控的方法。那些比物理世界中的力更高级的力必须被压制。这具身体不过是心灵的外壳。它们并不是两个不同的东西，就像是珍珠贝和它的壳，不过是一个东西的两个方面——珍珠贝内部的物质接受来自外部的材料，并制造出贝壳。我们内部被称作心灵的精微力量以同样的方式接受来自外部的粗大物质，并制造出身体这具外壳。所以，如果我们掌控了内部的东西，就会很容易掌控外部的东西。同样，这些力并不是不同的，并不是说有些力是物理上的，有些力是精神上的。物理上的力不过是精微之力的粗大显现，正如物理世界不过是精微世界的粗大显现。

26. 消除无知的方法是坚持练习分辨力。

练习的真正目标是——分辨真实与非真实，知道原人并不是自然，知道它既不是物质也不是心灵，知道正因为它不是自然，所以不可能改变。只有自然才不断改变、组合、重组、消逝。通过持续的练习，当我们开始具备分辨力时，无知就会消失，原人就会开始在其真正的本性中闪耀——它是全知、全能、全在的。

27. 他知识的最高阶段有七重。

这样的知识包含七个等级，一个接一个。当其中一个开始出现时，我们就知道自己正在获取知识。首先出现的是，我们已经知道应该知道什么。心灵将不再感到不满。当意识到对知识的渴望时，我们就开始四处寻找，在任何我们以为会得到真理的地方探求，而如果没有发现真理，我们就会变得不满，并向新的方向探求。可所有探求都是徒劳的，直到我们开始认识到知识就在我们之内，没有任何人可以帮助我们，我们必须帮助自己。当开始练习分辨力时，我们正在接近真理的第一个标志就是：不满的状态会消失。我们会非常确信地感到自己已经发现了真理，而且这只能是真理，不可能是任何别的东西。然后我们可以知道太阳升起了，破晓为我们而到来，我们必须鼓起勇气、坚持不懈，直到目标达成。第二个阶段将是所有痛苦的消失。宇宙中的任何东西——无论外部的还是内部的——都不会给我们造成痛苦。第三个阶段将是获得充足的知识，我们将获得全知。第四个阶段将是通过分辨力达成责任的目标。接下来的阶段就是心质的自由。我们会意识到，所有的困难和争斗、所有心灵的踌躇都会平息下来，就像一块石头从山顶滚落到山谷，永远不会再上来。再接下来的阶段是，心质自身会意识到，只要我们愿意，它就将溶解为自己的原因。最后我们会发现，自己在大我中得到确立，我们在整个宇宙中都是独存的，身体和心灵与我们没有丝毫关系。它们按照自己的方式运作，我们则出于无知而让自己加入到它们的行列中。但我们是独存的、全能的、全在的、永远有福佑的。我们的大我如此纯洁和完美，所以我们不需要任何别的东西。我们不需要任何别的东西让自己幸福，因为我们就是幸福本身。我们会发现，这种知识并不依赖于任何别的东西。在整个宇宙中，任何东西都会在我们的知识面前变得光辉灿烂。这将是最终的状态，瑜伽士会变得宁静、平和，不再感到任何痛苦，不再被蛊惑，不再被苦难触及。他会知道自己是永远有福佑的、永远完美和全能的。

28. 通过练习瑜伽的不同部分，污垢被灭除，知识变得光辉灿烂，直达分辨力。

现在谈论的是实践方面的知识。我们刚才谈论的东西比这要高级得多。它有些高高在上，却是我们的理想。首先必须获得身体和精神上的掌控。然后，亲证将会在那种理想中变得稳固。我们已经知道了理想是什么，剩下的就是去实践达到理想的方法。

29. 持戒、内制、坐姿、调息、制感、专注、冥想和三摩地是瑜伽八支。

30. 持戒就是不杀生、诚实、不偷盗、贞洁（continence）和不接受施舍（non-receiving）。

一个希望成为完美瑜伽士的人必须放弃性的观念。灵魂是没有性别的。为什么它要因为性的观念而让自身堕落呢？随后我们会更好地理解为什么必须放弃这些观念。接受施舍者的心灵会被给予施舍者的心灵影响，因此，接受施舍者就可能变得衰退。接受施舍很容易破坏心灵的独立性，让我们变得受奴役。所以，不要接受任何施舍。

31. 这些不受时间、地点、目的和种姓的影响，是 [普遍的] 伟大誓言。

每个男人、女人和孩子都应该实践这些东西——不杀生、诚实、不偷盗、贞洁和不接受施舍；无论民族、国家和地位，每个灵魂都应该实践这些。

32. 内制是内部和外部的纯净、知足、苦行、诵习和敬仰自在天[1]。

外部的纯净让身体保持纯洁，一个肮脏的人永远不会成为瑜伽士，同时也必须保持内部的纯净。这是通过第一章第33条经文中提到的德性而被获得的。当然，内部的纯洁比外部的纯洁更有价值，但二者都是必要的，如果离开了内部的纯洁，外部的纯洁就不会带来任何好处。

33. 面对有害于瑜伽的障碍性思想，要修习相反的思想。

这是实践刚才所陈述的德性的方式。例如，当心灵产生一大波愤怒时，我们如何来掌控它？只需要激起相反的波动就可以

1　在《瑜伽经》原文里，内制的后三点和本章第1条经文说的"瑜伽实修"中的三点是一样的，但辨喜在这两处分别使用了略有不同的语词。

了。此时可以去思考爱。有时，一位母亲会对自己的丈夫感到非常愤怒，此时孩子来了，她亲吻了自己的孩子，旧的波动消失了，新的波动涌起，那就是对孩子的爱。后者会压制前者。爱是与愤怒相对立的。同样，当偷盗的想法浮现时，就应该思考不偷盗；当接受施舍的想法浮现时，就应该用相反的想法替代它。

34. 瑜伽的障碍是杀生、谎言等，无论是做出、引发还是允许这些，都会带来障碍。这可能是出于贪婪、愤怒或无知，其程度可能是轻度、中度或重度的。它们会导致无穷无尽的无知与苦难。这就是做出相反思考 [的方法]。

如果我说出一条谎言，或者导致另一个人说出一条谎言，或者批准另一个人这样做，这些都是同样罪恶的。即使一条温和的谎言也仍然是谎言。每个恶毒的想法都会反弹，你所想到的每个仇恨的想法都会被储藏起来，并且会在某一天以某种苦难的形式、带着巨大的力量返回你这里。如果你投射出仇恨和嫉妒，它们就会连本带利地反弹给你自己。没有任何力量能阻止这些，一旦推动了它们，就必须承担相应的后果。记住这一点，可以阻止你作恶。

35. 如果确立了不杀生，[他人] 对他的敌意就会消失。

如果一个人实现了不伤害他人的理想，那么即便本性最凶猛的动物也会在他面前变得平和。老虎与羔羊会在瑜伽士面前一起玩耍。只有当达到那样的状态时你才会明白，自己已经在不杀生

154

上取得了牢固的成功。

36.通过确立诚实，瑜伽士得到力量，可以不通过行动而为自己和他人得到行动的果实。

当真理的力量得到确立时，即便在梦里你也不会说出不真实的话语。你会在思想、语言和行为上都是诚实的。无论你说的任何话都会是真理。你可以对一个人说"得到福佑吧"，他就会得到福佑。如果有人生病了，你去对他说"要康复"，他就会立即痊愈。

37.通过确立不偷盗，所有财富都会到瑜伽士这里来。

你越是超越自然，她就越是追随你。如果你根本不关心她，她就会变成你的奴隶。

38.通过确立贞洁，可以获得能量。

贞洁的大脑拥有巨大的能量和意志力。没有贞洁，就不会有任何灵性力量。贞洁绝妙地掌控了人性。在灵性方面的领导者都是严格禁欲的，这会给予他们力量。因此，瑜伽士必须禁欲。

39.当不接受施舍变得稳固，就会获得关于前世的记忆。

当一个人不接受施舍时，就不会亏欠别人，会保持独立和自由。他的心灵会变得纯洁。接受任何施舍都可能会沾染上给予施舍者的邪恶。如果不接受施舍，心灵就会被净化，由此获得的第一种力量就是对前世生活的记忆。只有瑜伽士才会完全在自己的理想中保持稳固。他看到自己已经在世上往来多次，所以就下定决心，这次一定要自由，不要再来来去去并成为自然的奴隶。

40. 内部和外部的净化（cleanliness）得以确立，会出现对自己身体的厌恶，也不会触碰他人的身体。

当外部和内部的身体都得到真正的净化时，就会出现对身体的忽略，而保存身体的想法也会消失。如果背后没有任何智能存在，在别人看来最美丽的面孔，对瑜伽士来说也不过是皮囊。如果灵性在背后闪耀着，一张最普通的面孔也会被瑜伽士当作天堂。对身体的渴求是人类生命巨大的痛苦之源。所以，纯洁得以确立的第一个标志就是，你不再认为自己是一具身体。只有当纯洁出现时，我们才会摆脱身体的观念。

41. 还会出现悦性的净化、心灵的愉快、专注、对器官的征服和适合去亲证大我。

通过练习净化，悦性材料会占据支配地位，而心灵会变得专注和愉快。人变得虔诚的第一个标志就是，他会变得愉快。当一个人忧郁时，他可能在遭受消化不良，但不可能是在体验宗教。令人愉快的感觉是悦性的本性。对悦性占主导的人来说，一切都是愉悦的，这时你就知道自己正在瑜伽上取得进步。所有痛苦都是由惰性引起的，所以你们必须摆脱它，苦闷其实是惰性在狂舞。只有有力、结实、年轻、健康、勇敢的人才适合成为瑜伽士。对瑜伽士来说一切都是欢喜，他看到的每张人类面孔都会给自己带来愉快。这是一个有德性之人的标志。苦难是由罪恶引起的，并不存在其他原因。为什么要摆出一张阴云密布的面孔呢？那是很可怕的。如果你脸色阴沉，那就一整天都不要出去，把自己关在房间里。你有权利把这种疾病传播给全世界吗？当你的心灵得到掌控时，你就掌控了整个身体，你不再是这台机器的奴隶，它反而成了你的奴隶。这台机器不会再把你的灵魂向下拉，反而会变成它最了不起的帮手。

42. 知足会带来最高的幸福。

43. 通过消除不纯洁，苦行会给器官和身体带来力量。
苦行的结果可以立即被看到，有时是视力得到增强，有时是能够在很远的地方听到声音，等等。

44. 通过重复真言，可以亲证自己期望的高级存在（deity）。
你所渴望的存在者越高级，相应的练习就越难。

45. 通过把一切都献给自在天，会出现三摩地。
通过顺从万物之主，三摩地会变得完美。

46. 坐姿要稳定而舒适。
现在谈论的是坐姿。在坐得稳定之前，你是无法进行呼吸和其他练习的。坐得稳定的意思是，你完全不会感觉到身体。在平常你会发现，只要坐上几分钟，各种扰乱就会出现在身体上。可当你已经超越了具体身体的观念时，就会失去所有关于身体的感觉。你不会感到苦和乐。而当你重新拾起自己的身体时，会感觉得到了充分的休息。这是你唯一可以给予身体的完美的休息。当成功征服了身体并保持稳定时，你的练习也会保持稳定。可当你被身体扰乱、神经也受到干扰时，就不可能让心灵保持专注。

47. 通过放松 [躁动不安的] 自然倾向和冥想无限者，坐姿变得稳定和舒适。

通过思考无限者，我们可以坐得稳定。我们无法思考绝对的无限者，但可以思考无限的天空。

48. 坐姿被征服后，二元性就不再阻碍我们。

善与恶、热与冷等所有的二元对立都不会再打扰你。

49. 在这之后是控制呼气和吸气的活动。

当坐姿被征服后，生命气的活动就可以被阻断并得到掌控。此时我们就来到了调息，也就是对身体中生命力的掌控。生命气并不是呼吸，尽管它常常被翻译成呼吸。它其实是宇宙能量的总和。这种能量存在于每个身体中，它最明显的显现就是肺部的活动。这种活动是由呼吸中吸入的生命气引起的，而这就是我们试图在调息中掌控的东西。我们从控制呼吸开始，因为这是控制生命气最简单的方法。

50. 它的改变可以是外部的、内部的或静止不动的，受到部位、时间和数目的调控，可长可短。

调息的活动有三种：吸入空气，呼出空气，让空气停留在肺部或不进入肺部。这些同样因部位和时间而异。因部位而异的意思是，把生命气控制在身体的某个特定部位。因时间而异的意思是，把生命气限制在某个特定的部位多久，以及我们要让一种或另一种活动保持多少秒。调息的结果就是"udghāta"：唤醒昆达里尼。

51. 第四种是通过反思外部和内部对象来抑止生命气。

这是第四种调息，在其中，屏息是通过长时间的练习、在反思中被获得的，这在其他三种调息中是没有的。

52. 由此，对心质之光的遮盖被削弱了。

心质就其自身本性而言是拥有一切知识的。它由悦性的微粒构成，但被激性和惰性的微粒遮盖了。通过调息，这些遮盖将被移除。

53. 心灵变得适合专注。

在遮盖被移除后，我们就能够让心灵专注。

54. 制感是让器官放弃自己的对象并采取心灵材料的形式。

器官是心灵材料的分离状态。我看到一本书，书的形式并不在书里，而是在心灵中。是外部的某个东西唤起了这种形式。真正的形式在心质中。器官把自己等同于任何接收到的东西，并采取它们的形式。如果可以让心灵材料不采取这些形式，心灵就可以保持平静。这就是制感。

55. 由此达到对器官的最高掌控。

当瑜伽士成功地阻止器官采取外部对象的形式、让它们与心灵材料保持一体时，就会出现对器官的完全掌控。当器官被完全掌控时，每块肌肉、每条神经都会处于掌控之下，因为器官是所有感觉和行动的中枢。这些器官可以被划分为行动器官（organs of work）和感觉器官（organs of sensation）。当器官被掌控时，瑜伽士就可以掌控所有感觉和行动，整个身体都处于他的掌控下。只有这时人们才开始为出生感到快乐，可以真诚地说："我的出生真是福佑。"当获得了对器官的掌控时，我们会感到这具身体真的很奇妙。

第三章
力 量[1]

现在我们来看看描述瑜伽力量的章节。

1. 专注就是把心灵固定在一个特定对象上。

专注就是把心灵固定在某个对象上，这个对象要么在身体之中，要么在身体之外，要让心灵保持在这样的状态中。

2. 在那个对象中的不间断的知识之流，就是冥想。

心灵试图思考一个对象，把自己固定在一个特定的点上，比如头顶、心脏等。如果心灵成功地仅仅通过身体的那个部分而不是其他部分接收感觉，就是专注。如果心灵成功地让自身在那样的状态中保持一段时间，就是冥想。

1　这一章标题的梵语原文是 vibhūti，意为强大的、有威力的。

3. 在这时，所有的形式都被放弃，只有意义反射出来，这就是三摩地。

在冥想中放弃形式或外在的部分，这时三摩地就会出现。假设我正在冥想一本书，而且逐渐成功地让心灵专注在它之上，只感知到内部的感觉、意义，并不以任何形式表达出来——这样的冥想状态就被称作三摩地。

4. 当［这］三者针对一个对象［被练习］时，就是总御（saṃyama）。

一个人把自己的心灵引向任何一个特定的对象并固定在其上，然后保持一段时间，把那个对象同内在部分相分离，这就是总御，也就是专注、冥想、三摩地三者前后相续、成为一个整体。事物的形式消失了，只有其意义还保留在心灵中。

5. 通过对总御的征服，知识之光会出现。

当一个人成功实现了总御时，所有力量都会处于他的掌控下。这是瑜伽士的伟大工具。知识的对象是无限的，可以被分为粗大的、更粗大的、最粗大的、精微的、更精微的、最精微的，等等。总御首先应该被运用于粗大的事物，当你开始缓慢、逐步地获得关于粗大事物的知识时，就应该再将其运用于更精微的事物。

6. 总御要按照顺序进行。

这是一种警告，告诫大家不要急于求成。

7.这三者比之前提到的其他分支更内在。

在此之前，我们已经做到了持戒、内制、坐姿、调息、制感，它们是专注、冥想和三摩地的外在部分。当一个人实现了前五者时，就可能达到全知和全能，但这还不是救赎。后三者并不会使心灵变得无种子（nirvikalpa）、不改变，而是会留下再次获得身体的种子。如瑜伽士所说，只有当这些种子被"烧焦"时，才会消除再度产生生命的可能性。这些力量并不能烧焦种子。

8.但即使这三者也只是无种子[三摩地]的外在部分。

因此，与无种子三摩地相比，即便这三者也只是外在的部分。我们还没有达到真正的、最高级的三摩地，而只是处在较低级的阶段，在这样的阶段中，宇宙仍如我们所看到的那样存在，所有这些力量也都存在。

9.通过抑止受到扰乱的潜印象、升起得到控制的潜印象，在心灵被掌控的一刹那，就将达成掌控的转变。

这是说，在第一种三摩地状态下，心灵的转变已经被掌控，但并不完美，否则就不会有任何转变了。如果有一种转变促使心灵冲破感官，而且瑜伽士试图掌控它，那么这种掌控自身就是一种转变。一股波动将被另一股波动控制，因此这还不是真正的三摩地，并不是所有波动都消退了，因为掌控本身也是一种波动。但与心灵随意涌动时相比，这种较低级的三摩地还是更接近更高级的三摩地。

10. 习惯可以让心的流动变得稳定。

通过每天的练习，处于持续掌控下的流动变得稳定，心灵会获得持续专注的能力。

11. 接受各种不同对象的力量被消除，专注在一个对象上的力量被显现，心质就这样获得了被称作三摩地的转变。

心灵会接受各种对象，遇到各种事物。这是较为低级的状态。当它接受一个对象并排除其他所有对象时，就获得了一种更高级的状态，三摩地就是这种状态的结果。

12. 当过去的印象和当下的印象相似的时候，心质专注于一点。[1]

我们如何知道心灵已经变得专注？因为时间的观念会消失。时间越是在不经意间流逝，我们就越是专注。在日常生活中我们看到，当对一本书感兴趣时，我们完全不会注意到时间，而当我们放下书本时，常常会惊讶地发现已经过去了好几个小时。所有时间都会趋向于停留在当下。这样我们就得到了专注的定义：当过去与现在融为一体时，就可以说心灵是专注的。[2]

---

[1] 辨喜对这条经文的翻译与《瑜伽经》原文有差别，通过参考其他译本，可以确定这条经文指的也是一种转变，即心质专注于一点的转变。

[2] 第9、11和12条经文提到的三种专注的区别是：在第一种专注中，受到扰乱的印象只是被阻止，并没有被刚刚出现的、得到控制的潜印象清除；在第二种专注中，前者完全被后者压制；而在第三种也就是最高级的专注中，不存在压制的问题，只有相似的潜印象川流不息、前后相续。——原编者注。

13. 由此，形式、时间和状态在精微物质、粗大物质、器官中的三种转变得到了解释。

通过心灵材料中形式、时间和状态上的三重变化，粗大、精微物质中的相应变化以及器官中的相应变化得到了解释。假设有一块金子。它先是被打造成手镯，然后再被打造成耳环，这些变化都是形式上的。从时间的角度来看同样的现象，会给予我们时间上的变化。同样，手镯或耳环可能是明亮的或暗淡的、厚的或薄的，等等，这种变化是状态上的。在第9、11和12条经文中，心灵材料变成了心念——这是形式上的变化，它在过去、现在和将来的变化则是时间上的。潜印象在一段特定时期内——比如说现在——的强度上的变化，是状态上的变化。之前经文中阐述的专注，会让瑜伽士获得对心灵材料转变的自主掌控，只有这样的掌控才会让他实现第三章第4条经文中所说的总御。

14. 被转变所作用的东西——无论是过去的、现在的还是将要显现的——是受到限制的。

这是说，受到限制的是这样的实体：它被时间、潜印象所作用，不断转变并得以显现。

15. 变化的次序差异是这些转变的原因。

16. 通过总御这三种转变，关于过去和未来的知识会出现。

我们一定不能忽视总御的第一种定义。当经过长期的练习，心灵已经达到了这样的状态——心灵把自身等同于对象的内部印象而抛开外部对象——并且可以在瞬间进入这样的状态时，就是总御。如果处于这样状态中的人想知道过去和未来，就必须总御潜印象中的变化（参考第三章第13条经文）。有一些潜印象在当下起作用，有一些在过去起作用，还有一些在将来起作用。通过总御这些，他就可以知道过去和未来。

17.通过总御语词、意义和知识——这三者通常是被混在一起的——关于一切众生声音的知识就会出现。

语词代表了外部的原因，意义代表了通过诸根被传递给大脑的内部振动，它把外部印象传递给心灵，知识则代表了心灵的反应，由此产生感知。被混在一起的这三者构成了我们的感觉对象。假设我听到一个语词。首先存在的是外部的振动，接着是被听觉器官传递给心灵的内部感觉，然后是心灵的反应，我由此知道了那个语词。我所知道的这个词是振动、感觉和反应这三者的混合物。它们通常是不可分的，但通过练习，瑜伽士可以把它们分离开。当做到这一点时，如果一个人总御任何一个声音，就会理解这个声音表达的意义，无论这个声音来自人类还是动物。

18.通过感知潜印象，关于前世的知识[会出现]。

我们拥有的一切经验，都以波动的形式存在于心质中，它们会消退并变得越来越精微，但永远不会消失。它们仍然以微小的形式存留着，如果我们能够再次唤起这样的波动，它们就会成为记忆。所以，如果瑜伽士可以总御心灵中过去的潜印象，就会回忆起所有的前世。

19. 通过总御其他身体上的迹象，关于其他心灵的知识会出现。

每个人的身体都有独特的迹象，使得他与其他人区分开。当瑜伽士总御这些迹象时，就会知道他人心灵的本性。

20. 但我们不会知道其他心灵的内容，这不是总御的对象。[1]

通过总御身体，我们并不会知道心灵的内容。总共需要两方面的总御：首先是对身体中迹象的总御，然后是对心灵自身的总御，这样瑜伽士才可以知道那个心灵中的一切。

21. 通过总御身体的形式，形式的可感知性（perceptibility）被阻止，眼睛中显现的力量被分离，瑜伽士的身体变得不可见。

站在这个房间中的瑜伽士可以看上去是消失了。但他并不是真的消失，而是不被任何人看到。形式和身体仿佛是相分离的。你们必须记住，只有当瑜伽士已经获得了专注的力量、当形式已经与具有形式的事物相分离时，才能做到这一点。然后他总御这些，而感知形式的力量会被阻止，因为感知形式的力量产生于形式与具有形式的事物的结合。

1　本条经文在黄宝生译《瑜伽经》中未收录。

22. 正在被说出的语词的消失或隐藏，以及其他同类事情，由此都得到了解释。[1]

23. 业有两种：很快就会结出果实的，随后才会结出果实的。通过总御这些，或者通过总御被称作预兆（ariṣṭa/ portent）的迹象，瑜伽士会知道同自己的身体相分离的确切时间。

当瑜伽士总御自己的业、总御自己心灵中正在起作用或将要起作用的潜印象时，他就由此确切地知道自己的身体何时会消亡，知道自己什么时候会死去，甚至精确到几点几分。印度教徒很想获得关于死亡临近的知识或意识，因为《薄伽梵歌》教导说：死亡时的想法，是决定来生的巨大力量。

24. 通过总御友爱、怜悯等 [参考第一章第 33 条经文]，瑜伽士在各方面都变得出色。

25. 通过总御大象和其他动物的力量，瑜伽士获得它们的力量。

当一个瑜伽士已经实现了这种总御并且想要获得力量时，就可以总御大象的力量并获得它。只有当一个人知道如何获得无限的能量时，这样的能量才会听从他的调遣。瑜伽士发现了获得这种能量的科学。

1　本条经文在黄宝生译《瑜伽经》中未收录。

26. 通过总御辉煌的光芒 [参考第一章第 36 条经文]，关于精微的、受阻碍的和遥远的对象的知识会出现。

当瑜伽士在心中总御辉煌的光芒时，会看到非常遥远的事物，例如，看到在很远的地方发生的事情，以及被山峦阻挡住的事情，还有那些非常精微的事物。

27. 通过总御太阳，关于世界的知识 [会出现]。

28. 通过总御月亮，关于星团（cluster of stars）的知识 [会出现]。

29. 通过总御北极星，关于星体运动轨迹的知识 [会出现]。

30. 通过总御脐轮，关于身体构造的知识 [会出现]。

31. 通过总御喉咙穴（hollow of the throat）[1]，饥渴的停止 [会出现]。

当一个人很饿时，如果他能总御喉咙穴，饥饿就会停止。

1　依黄宝生译《瑜伽经》译作"喉咙穴"。这条经文在黄宝生版中为本章第 29 条，毗耶娑的注疏是："舌头下面是结，结下面是喉咙，喉咙下面是穴。总御这些，不会受饥渴折磨。"

32. 通过总御龟脉 [1]，身体的稳定 [会出现]。

在练习时，身体不会被扰乱。

33. 通过总御头顶上发散出的光芒，会获得悉陀（siddha）的视力。

悉陀是一些比鬼魂略高级的存在。当瑜伽士把心灵专注于自己头顶时，就会看到这些悉陀。在这里，"悉陀"这个词并不像它的常见用法那样指那些已经变得自由的人。

34. 或者通过总御直觉（prātibha），获得所有的知识。

对于一个拥有直觉（这是一种来自纯洁的自发的启示）的人来说，所有这些都可以在没有总御的情况下出现。当一个人提升到高级的直觉状态时，他就拥有了伟大的光芒。一切对他而言都是显而易见的，一切都可以在没有总御的情况下自然地发生在他身上。

35. 通过总御心脏，关于心灵的知识会出现。

36. 由于对灵魂和悦性不加区分，享受会出现，但其实灵魂和悦性是完全不同的，因为后者的活动是为了前者。通过以自己为中心进行总御，会获得关于原人的知识。

悦性——这是原质的改变，其特征是光明和幸福——的所有

1　龟脉（kūrma nāḍī）是印度人认为的一种脉（nāḍī），位于上胸部和喉咙之间。

活动都是为了灵魂。当悦性摆脱了自我性并被原人的纯粹智能照亮时，就被称作是以自己为中心的，因为在这样的状态中，它独立于所有关系。

37. 由此产生了属于直觉的知识，以及属于[超自然的]听觉、触觉、视觉、味觉和嗅觉的知识。

38. 这些对于三摩地来说是障碍，但在世俗状态中则是力量。

对于瑜伽士来说，对世界的享受来自原人与心灵的结合。如果他想总御这样的知识，即原人与心灵是两个不同的东西，分别是灵魂与自然，他就会获得关于原人的知识。分辨力从中产生出来。当他获得了这种分辨力时，就获得了直觉，即至高的天才之光。但是，这些力量是实现最高目标——关于纯洁的大我的知识和自由——的障碍。这些都是会出现的情况，如果瑜伽士拒斥它们，就可以达到最高的目标。如果他试图获得这些，就不会取得更多进步。

39. 当束缚心质的原因被削弱，瑜伽士就可以通过关于进行活动的渠道[神经]的知识而进入另一个人的身体。

瑜伽士可进入一具尸体并让它起来活动，甚至同时在另一具身体中行动。或者，他可以进入一具活着的身体并控制那个人的心灵和器官，通过那具身体来活动。瑜伽士通过对原人和自然的分辨力来做到这一点。如果他想进入另一个人的身体，就可以总御那个身体并进入它，因为，正如瑜伽士所说的那样，不仅他的灵魂是全在的，他的心灵也是全在的，是普遍心灵的一小部分。但是，现在它只能通过身体中的神经流行动，而当瑜伽士摆脱了这些神经流时，就可以通过其他东西来行动。

40. 通过征服上升气（udāna）[1]，瑜伽士不会沉入水中或陷入泥淖，他可以在荆棘上行走，可以按照自己的意愿死亡。

上行气是支配肺部和整个身体上半部的神经流的名称，当瑜伽士掌握了它时，就会变得很轻。他不会沉入水中，可以在荆棘和刀刃上行走，在火中站立，可以在愿意的时候结束这一生。

41. 通过征服平行气（samāna），他被光辉环绕。

只要愿意，身体就会闪耀光芒。

42. 通过总御耳朵与空元素的关系，获得天耳通[2]。

存在着空元素——也就是以太；还存在着工具——也就是耳朵。通过总御它们，瑜伽士获得超常的听觉，可以听到一切。在若干英里外被说出或发出的任何声音都可以被他听到。

1　生命气的运行被分为五种，即五种行气或风息（prāṇa vāyu，"vāyu"意为风）：上行气（prāṇa）又译元气，位于心肺和头部，掌管吸气、灵感等；下行气（āpana）又译下气，位于骨盆，掌管向下和向外的活动，包括呼气；平行气（samāna）又译中气，位于肚脐，掌管消化、吸收等；上升气（udāna）又译上气，位于喉部，掌管言说、表达等；遍行气（vyāna）又译行气，位于全身，掌管各个层面的循环。

2　原文为"divine hearing"，字面意思是"神圣的听觉"，依据黄宝生译《瑜伽经》译作"天耳通"。

43. 通过总御空元素与身体的关系，身体可以变得轻如棉絮，通过冥想这些，瑜伽士可以在空中穿行。

空元素是身体的材料，身体就是由特定形式的空元素形成的。如果瑜伽士总御形成自己身体的空元素材料，就会获得空元素的轻盈，能够在空中的任何地方行走。在其他情形下也是如此。

44. 通过总御被称作大无身[1]的、即身体外的心灵的"真正改变"，会消除对光明的遮盖。

心灵愚蠢地认为自己在这具身体里运作。如果心灵是全在的，我为什么应该被一个神经系统束缚，把大的自我（Ego）仅仅放置在一具身体中？这是没有道理的。瑜伽士想在任何喜欢的地方都感觉到大的自我。在身体中出现的不含自我性的精神波动，就是"真正的改变"或"大无身"。当他成功地总御这些改变时，所有对光明的遮盖都会褪去，所有黑暗和无知都会消失。在他看来，一切都充满了知识。

45. 通过总御粗大和精微形式的元素、它们的本质特性、它们中固有的性质（guṇa）以及它们对灵魂经验的贡献，会获得对

1　原文为"great disembodiedness"，字面意思是"伟大的无形体""伟大的无实质"，依据黄宝生译《瑜伽经》译作"大无身"，毗耶娑的注疏是："思想在身外活动，这种专注称为'无身'。"

这些元素的支配。

瑜伽士总御这些元素，首先是粗大的，然后是更精微的。进行这种总御的更多是一个佛教教派[1]。他们会对一块土进行总御，并逐渐开始看到构成它的精微材料，当他们知道了其中所有精微材料时，便获得了支配这些元素的力量。对所有元素来说都是如此，瑜伽士可以征服所有元素。

46.由此会获得变得微小、其他的力量、"身体的荣耀"和身体性质上的坚不可摧。

这意味着瑜伽士已经获得了八种力量。他可以让自己像微粒一样微小、像山峰一样巨大、像大地一样沉重、像空气一样轻盈，可以获得任何自己喜欢的东西，可以支配任何自己渴望的一切，可以征服任何自己想要的东西，等等。狮子会像羔羊一样坐在他脚下，而他的所有愿望都会随心所欲地得到满足。

47."身体的荣耀"指的是美丽、气色、强壮、坚如金刚。

身体会变得坚不可摧。没有什么可以伤害它。除非瑜伽士愿意，否则没有任何东西可以毁坏它。"打破时间的束缚，他在宇宙中与自己的身体一同存活着。"吠陀记载说，对这样的人而言，不再有疾病、死亡或痛苦。

1　可能指的是南传佛教，这种冥想方法被称作"地遍"，参阅《清净道论》"说地遍品"。

48.通过总御器官的客观性和光明的力量、总御自我性、总御它们中固有的三性和对灵魂经验的贡献，会获得对感官的征服。

在对外部对象的感知中，器官会离开自己在心灵中的位置并走向那个对象，由此会产生知识。自我性也存在于这样的活动中。当瑜伽士逐步总御这些和另外两者[1]时，就会征服器官。就拿你看到或感到的一本书来说吧。首先要让心灵专注于其上，然后专注于以书的形式存在的知识，接着专注于这本书的大的自我，等等。通过这样的练习，所有器官都会被征服。

49.由此，身体会获得快如心灵的运动力量、独立于身体的器官的力量以及对自然的征服。

正如通过对元素的征服可以获得荣耀的身体，通过对器官的征服也可以获得上述力量。

50.通过总御悦性与原人之间的差别，会获得全能和全知。

当自然被征服、原人和自然之间的差别——原人是不可毁灭的、纯洁的、完美的——已经被亲证，就会获得全能与全知。

51.通过放弃这些力量，可以摧毁邪恶的种子，这会导向独存（kaivalya）。

他获得独存、独立并变得自由。当一个人甚至放弃了全能和

---

1 指的是经文中提及的固有的三性和对灵魂经验的贡献。

全知的观念时，就会获得对享受的完全拒斥、对来自主神们[1]的诱惑的完全拒斥。当瑜伽士看到所有这些奇妙的力量并且拒绝它们时，就实现了目标。这些力量是什么？不过就是些显现而已，并不比梦境更好。甚至全能也是一种梦境，因为它依赖于心灵。只有心灵存在时全能才可以被理解，但瑜伽士的目标甚至是超越心灵的。

52. 在受到主神们的邀请时，因为害怕罪恶再次发生，瑜伽士不应该接受或感到骄傲。

还存在着其他的危险，神祇和其他存在者会来诱惑瑜伽士。它们不希望任何人完全自由。它们是心怀嫉妒的，就像我们一样，有时甚至比我们更糟。它们非常害怕失去自己的地位。那些没有实现完美的瑜伽士会在死后成为神祇，它们偏离了正路而进入旁门左道并获得那些力量。然后它们必须再次出生。但是，一个足以抵抗这些诱惑并直奔目标的人终会获得自由。

53. 通过总御刹那[2]及其次序，可以获得分辨力。

我们如何避免天神、天堂和神通呢？通过分辨力，通过知晓善恶。通过总御刹那及其次序可以增强分辨力。

1　这里的"主神"一词原文是"celestial beings"，可以理解为天神、神仙等。但为了与另一个表示"天神"的词"deva"相区别，在此采取黄宝生的译法译为"主神"。

2　原文的字面意思是"时间的微粒"，依据黄宝生译《瑜伽经》译为"刹那"（kṣana）。

54. 甚至那些无法通过物种、迹象和位置来区分的东西，也可以通过上述总御来分辨。

我们遭受的所有苦难都源自无知，源自不能分辨真实与非真实。我们都把恶当作善，把梦境当作真实。大的灵魂是唯一的实在，可我们已经忘记了它。身体是不真实的梦境，可我们却认为自己是身体。这种不能分辨就是苦难的原因。它由无知引起。当分辨力出现，力量就会随之而来，只有这样我们才能避开所有关于身体、天堂和神祇的观念。这种无知是通过物种、迹象和位置上的区分而出现的。就拿一头牛来说吧。牛与狗在种类上是不同的。即便是在牛这个物种内，我们又如何把一头牛与其他牛区分开呢？是通过迹象。如果两个对象完全相似，但处于不同的位置，就可以被区分开。当对象混合在一起、以至于这些区分也不能帮到我们时，通过上述练习获得的分辨力就会给予我们区分它们的能力。瑜伽士的最高级的哲学就建基于这样的事实：原人是纯洁而完美的，是宇宙中存在的唯一"简单的"东西。身体和心灵则是复合物，但我们却一直把自己等同于它们。让这种区分消失是一个巨大的错误。当获得分辨力时我们就可以看到，世上所有的东西——无论是精神上的还是物理上的——都是复合物，因此不可能是原人。

55. 分辨力是拯救性的知识，同时囊括了所有对象及其所有变化。

之所以是拯救性的知识，是因为它带领瑜伽士渡过生死之海。原质的所有状态，无论精微还是粗大，都在这种知识的把握之中。这种知识带来的感知中不存在次序，它在一瞬间就把握了一切。

56. 通过悦性和原人之间在纯洁性上的一致，独存出现。

当灵魂亲证了它并不依赖于宇宙中的任何东西——上至神祇下至原子——时，这就被称作独存和完美。当被称作悦性（理智）的、纯洁与杂质的混合物，都变得像原人一样纯净时，这就可以实现。然后悦性就只反射出不受限制的纯洁本质，这就是原人。

第四章
独　存[1]

1.通过出生、化学手段、语词的力量[2]、苦行和专注获得神通（siddhi）。

当然，有时一个人会天生具有神通，这是他在前世就获得的能力。当这次出生时，他就可以享受它们的果实。瑜伽哲学之父迦毗罗说自己是天生的悉陀，这意味着他是一位已经取得成功的人。

瑜伽士声称，这些力量可以通过化学的手段获得。你们都知道化学最初起源于炼金术；人们去寻找点金石（philosopher's stone）和不老仙丹（elixirs of life），等等。在印度有一个被称为"不死灵药"的流派[3]。他们的观念是，理想、知识、灵性和宗教都是非常正确的，但身体才是实现所有这些的唯一工具。如果身

1　这一章标题的梵语原文是 kaivalya，即独存。

2　这里的"语词的力量"也可以被理解为咒语。

3　"不死灵药"（rasāyana）是阿育吠陀（印度传统医学体系）中的一个分支，以延缓衰老、延长寿命为目标。

体不断终结，我们就需要花费更多时间才能达到目标。例如，一个人想练习瑜伽并变得有灵性，可在取得很大的进步之前就死了。接着他获得了另一具身体并再次开始练习，然后又死了，就这样继续着。照这样下去，死亡和重生会耗费大量的时间。如果身体可以变得有力、完美，以至于可以摆脱生死，我们就可以有足够的时间变得有灵性。所以这些人说，首先要让身体变得非常有力。他们声称，这具身体可以变得不朽。他们的观念是，如果心灵制造了身体，而且如果每个心灵都是无限能量的唯一出口，那么每个出口能获得的来自外部的能量应该是没有限制的。为什么不能始终保有我们的身体？我们必须制造所有曾经拥有过的身体。一旦这具身体死亡，就不得不制造另一个。既然我们能够做到这一点，为什么不能此时此刻就在这里这样做，而并不离开现在的身体呢？这种理论是完全正确的。如果我们可以在死后再次出生并制造出另一具身体，为什么不能在这里制造身体、不必完全消融这具身体，而只是不断改变它呢？他们还认为，在水银和硫磺中隐藏着最奇妙的能量，经过特定的调制，一个人就可以按照自己的意愿来保留身体。另一些人认为某些药物可以带来力量，诸如在空中飞行。今天很多奇妙的药物都应被归功于不死灵药派，特别是他们在药品中对金属的使用。瑜伽士的某些派别宣称，很多伟大导师仍然存活在他们古老的身体中。瑜伽的伟大权威帕坦伽利也并不否认这一点。

然后是语词的力量。某些神圣的语词被称作真言，当在合适的条件下被重复时，就会产生出非凡的力量。我们日夜生活在如此多的奇迹之中，却对它们一无所知。人、语词和心灵的力量都是无限的。

接着是苦行。你们会发现，所有宗教都践行苦行和禁欲主义。在宗教观念方面，印度教徒总是会走向极端。你们会发现，有人一生都举着手，直到手枯萎腐烂。有人日夜都站立着，直到脚都肿了，在他们的有生之年，腿会变得非常僵硬，以至于无法弯曲，不得不一生都站着。我曾见过一个像这样一直举着手的人，并问他第一次这么做的时候感觉如何。他说那简直是可怕的酷刑，以至于他不得不到河里把自己浸在水中，这才减轻了一点痛苦。一个月后他就不怎么受苦了。他们认为通过这样的练习可以获得神通。

最后是专注。专注就是三摩地[1]，是瑜伽的目标，是这门科学最高的主题和最高的方法。之前说的都是次要的，我们不可能通过那些来达到最高级的东西。作为一种方法，三摩地可以让我们获得任何东西，无论是精神上的、道德上的，还是灵性上的。

2. 通过本性的填充，转变为另一种生命形态。

帕坦伽利提出了这样的命题：这些力量有时是通过出生而获得的，有时是通过化学手段，有时是通过苦行。他也承认，这具身体可以被保留任意长的时间。现在他继续陈述让身体变成另一个物种的原因是什么。他说，这是通过本性的填充来完成的，并在下一条经文做出解释。

1　辨喜这里的用语并不准确，专注、冥想和三摩地应该是不同的阶段。参阅第一章第42条经文的注释。

3. 善行与恶行并不是本性转变的直接原因，但它们却可以打破阻碍本性进化的障碍：正如农夫打破阻碍水流的障碍，水便出于本性而流淌。

用于灌溉的水已经在水渠里了，只是被阀门阻断。农民打开了这些阀门，由于万有引力，这些水会自己流下来。同样，所有的进步和力量已经存在于每个人之内，完美本就是人的本性，只是由于被阻碍而无法正常发展。如果有人能撤除障碍物，本性就会开始运行，这个人就会获得本就已经属于他的力量。一旦障碍物被撤除而本性开始运行，我们所说的邪恶之人也会成为圣徒。是本性驱使我们走向完美，而她最终也会把每个人都带到那里去。所有变得虔信的实践和努力不过都是消极的工作，它们所做的只是撤除障碍、打开通向完美的阀门，这种完美是我们天生就具有的，是我们的本性。

在现代研究的基础上，古代瑜伽士的进化理论能够被更好地理解。但瑜伽士的理论是一种更好的解释。现代人提出的进化的两种原因，即性选择[1]和适者生存，是不充分的。假设人类知识发展到足以消除竞争——无论是获得营养需求方面还是获得伴侣方面——的地步，那么根据现代的理论，人们的进步就会停止，种族就会灭亡。这种理论的结果就是为每个压迫者提供一种让良心免于不安的论证。伪装成哲学家、想通过杀死所有邪恶和无能之人来拯救人类的人——这些人当然认为自己是进行评判的唯一

1　性选择（sexual selection）是一种关于生物进化的理论，用以解释同一性别的个体为了获得交配机会而产生的竞争是如何促进性状进化的。

合格的法官——可是多了去了！但古代伟大的进化论者帕坦伽利宣称，进化的真正秘密是完美的显现，而这种完美已经存在于每个存在者那里，它被阻止了，背后却有着无数的暗流在努力表达自身。这些努力和竞争不过是我们的无知带来的结果，因为我们并不知道打开阀门让水流下来的正确方法。无限的暗流必定要表达自己，这就是所有显现的原因。为了生活或性满足的竞争不过是由于无知而导致的短暂的、不必要的、无关紧要的结果。即使所有竞争都停止了，完美的本性还是会推动我们前进，直到每个人都变得完美。因此，没有理由相信竞争对进步来说是必不可少的。人在动物中是被压制的，一旦阀门被打开，他就会冲出来。同样，在人之中也有潜在的神祇，被无知的锁链和障碍阻碍了。一旦知识打破这些障碍，神祇就会显现。

4. 只有自我性才产生出各种被创造出的心灵（the created minds）。

关于业力的理论认为我们要承受自己的善行或恶行的后果，而它的整个哲学就是要实现人的荣耀。所有经典都歌颂人和灵魂的荣耀，并且异口同声地宣扬业力。善行会带来这样的结果，恶行会带来那样的结果，可如果灵魂会受到善行或恶行的作用，它就毫无价值。恶行阻碍了原人本性的显现，善行则清除恶性带来的这种障碍，让原人的荣耀显现。原人自身从不改变。无论你做什么，都不会摧毁你自己的荣耀、本性，因为灵魂不会受到任何东西的作用，只不过是一层面纱遮住了它，掩盖了它的完美。

为了快速燃尽业力，瑜伽士创造了 "kāyavyūha"，也就是同时拥有多个身体的能力，以实现自己的目标。他们从自我性中为所有这些身体创造了心灵。这些被称作 "被创造出的心灵"，是相对于原初的心灵而言的。

5. 尽管被创造出的心灵的活动是多种多样的，但那个唯一原初的心灵是所有这些心灵的掌控者。

在不同身体中起作用的不同的心灵，被称作 "被制造出的心灵"（made-minds），而那些身体被称作 "被制造出的身体"（made-bodies），它们都是被制造出来的。物质和心灵像是两座取之不尽的仓库。当你成了一位瑜伽士，就会了解掌控它们的秘密。你一直知道这些，只是暂时忘记了，如果成了瑜伽士就会回想起来。然后你可以用它们做任何事情，以任何你希望的方式操控它们。被制造出的心灵所用的材料，与制造宏观世界所用的材料完全一样。并不是说心灵是一回事，物质是另一回事，它们其实是同一样东西的不同方面。自我性是物质，是存在的精微状态，被制造出的心灵和被制造出的身体都是从中被制造出来的。因此，当瑜伽士发现了关于自然能量的秘密时，就可以从被称作自我性的实体中制造出任意数量的身体和心灵。

6. 在各种心质中，经由三摩地获得的心质是没有欲望的。

在不同的人那里可以看到各种心灵，只有已经达到三摩地、达到完美专注的心灵才是最高级的。一个通过药物、咒语或苦行获得某些力量的人，仍然是有欲望的，只有通过专注达到三摩地的人才能从所有欲望中解脱出来。

7. 瑜伽士的业不黑不白，其他人的业则有三种——黑的、白的和又黑又白的。

当瑜伽士达到完美时，他的行动和由此产生的业不会再束缚他，因为他并不渴望它们。他只是在行动。他通过行动在行善，也的确在行善，但并不关心结果，结果也不会作用在他身上。但对于尚未达到最高状态的普通人来说，业有三种：黑的（恶行）、白的（善行）和混合的。

8. 在每种状态中，三种行为只显现为与那种状态相符合的欲望。[其他欲望被暂时搁置了。]

假设我已经造了一种业，它可能是善的、坏的或混合的，同时假设我死了，变成了天堂中的一位神祇。神祇身体中的欲望与人类身体中的欲望并不相同，神祇的身体不吃不喝。过去那些未起作用的业力——它们的结果是导致吃喝的欲望——会怎样呢？当我成为了神祇时，这些业力会去哪里呢？答案就是：欲望只会在合适的环境中显现出来。只有那些遇到合适环境的欲望才会出现，其余的则会继续被储存起来。在这一生中我们拥有很多欲望，包括神圣的、人类的、动物性的。如果我获得了神祇的身体，就只有好的欲望会出现，因为对它们来说环境是适合的。如果我获得了动物的身体，就只有动物的欲望会出现，好的欲望就必须等待。这表明了什么呢？表明我们可以通过环境来控制这些欲望。只有与环境相适合的业才会出现。这表明，环境的力量是对业自身的有力控制。

9. 欲望中存在着连续性，即使被物种、空间和时间隔开，记忆和潜印象也可以被识别出来。

变得精微的经验会成为潜印象，重获新生的潜印象会变成记忆。"记忆"这个词无意识中包含了对如下二者的协调：被还原为潜印象的过去经验，以及现在的有意识的行为。在每个身体中，只有在相似身体中获得的潜印象才会成为行动的原因。不相似的身体经验被搁置了。每个身体就仿佛只是那个物种的后代那样去行动，因此，欲望的连续性是不会被打破的。

10. 对幸福的渴望是永恒的，欲望没有起始。

对幸福的欲望存在于所有经验之前。经验是没有起始的，因为每一个新的经验都建基于过去经验产生的倾向性。因此，欲望也没有起始。

11. 诸种欲望被原因、结果、支撑物（support）和对象结合在一起，当这些缺失时，欲望就不存在。

诸种欲望被原因和结果结合在一起[1]。如果欲望已经出现，就

---

[1] 原因是"带来痛苦的障碍"（第二章第 3 条经文）和行动（第四章第 7 条经文），结果则是"物种、生命、苦与乐的经验"。——原编者注。

不会在没有产生结果的情况下消失。心灵材料是最大的仓库，过去所有欲望的支撑物都会被还原成潜印象的形式。除非它们起到了自己的作用，否则就不会消亡。此外，只要感官还在接受外部对象，新的欲望就会产生。只有摆脱欲望的原因、结果、支撑物和对象，欲望才会消失。

12. 过去和未来是自身存在的，它们会以不同的方式拥有性质。

这里的观念是：存在永远不会来自不存在。过去和未来尽管并不以显现的形式存在，但是以精微的形式存在。

13. 它们是三性的本性，是显现的或精微的。

三性指悦性、激性和惰性，它们的粗大状态就是可见的宇宙。过去和未来产生自三性的不同显现模式。

14. 事物中的统一性来自变化中的统一性。

尽管存在着三种实体，但它们的变化是被统筹在一起的，所有对象都有自身的统一性。

15. 由于对同一个对象的感知和欲望是不同的，心灵和对象具有不同的本性。

存在着一个独立于我们心灵的客观世界，这是对佛教式唯心主义的反驳。既然不同的人会以不同的方式看待同一个事物，那么这不可能仅仅是任何特殊个体的想象力（imagination）的产物。

16. 对象不能被说成是依赖于一个单独的心灵的。如果没有关于它存在的证据，它就不会存在。[1]

如果对一个对象的感知是其存在的唯一标准，那么当心灵在三摩地中或在任何东西中被吸收时，就不会被任何人感知到，由此也可以说它不存在。这可不是我们想要的结论。

17. 对心灵而言，事物是已知的或未知的，这取决于它给心灵带来的颜色。

18. 心灵的状态总是被知道的，因为心灵的主人——原人——是不可改变的。

这种理论的全部精要在于：宇宙既是精神的又是物质的。两者都处于连续流动的状态。这本书是什么？它是不断变化中的分子的组合。一批分子出去，另一批又进来，这是一个漩涡，是什么造就了其中的统一性呢？是什么让它成为同一本书呢？这些变化是有节奏的，它们按照和谐的顺序给我们的心灵留下印象，这些部分组合在一起形成了连续的画面，尽管它们是在不断变化中的。心灵自身就是在不断变化的。心灵和身体就像是同一种实体中的两个层面，按照不同的速率在运动。相对而言，其中一个较慢而另一个较快，由此我们可以区分这两种运

---

1 《辨喜全集》的原文中将本条经文标示成额外的文本。本书参考《瑜伽经》的其他版本，将其作为正式经文加上编号，因此后面经文的编号会比英文原版多一位。

动。例如，一列火车在移动，而它旁边还有一辆马车在移动。一定程度上我们可以发现这两种运动，但还有一些必要条件。只有当存在着其他不移动的东西时，运动才能被感知到。但是，当两件或三件事物都在相对移动时，我们会首先感知到较快的移动，然后才是较慢的移动。心灵是如何进行感知的？它也处于流动之中。因此，另一个必要条件就是，要有一个缓慢移动的东西，然后必须有某个移动得更缓慢的东西，以此类推，以至无穷。所以，逻辑会迫使你在某个地方停下来。你必须通过知道某个从不变化的东西才能完成这个序列。在无尽的运动链条背后就是原人，它是不变化、无颜色、纯洁的。所有潜印象都只反射在它之上，就像幻灯机把图像投射在屏幕上，这并不会让屏幕本身发生改变。

19. 心灵自己并不发光，它是一个对象。

巨大的力量在自然中到处显现，但它自己并不发光，在本质上并不是智能的。只有原人自身发光，而且照亮了一切。原人的力量渗透到所有物质和力中。

20. 因此它无法同时认知两者。

如果心灵自身发光，它就应该能够同时认知自己和它的对象，但实际情况并非如此。当它在认知对象时，就无法反思自身。因此，原人自身发光，心灵则不然。

21. 可以假设存在另一个认知的心灵，这样的假设将无穷无尽，结果是带来记忆的混乱。

让我们假设，存在着另一个在认知普通心灵的心灵，那么就一定还存在着其他这样的心灵，如此以至无穷。这会导致记忆的混乱，记忆的仓库就不会存在。

22. 知识的本质 [原人] 是不可改变的，当心灵采取了原人的形式时，就变得有意识了。

帕坦伽利这样说，是为了更清楚地表明知识并不是原人的性质。当心灵接近原人时，原人被反射在心灵上，心灵好像也就暂时变得能够知道了，仿佛自己就是原人。

23. 有了见者和所见之物的着色，心灵便能够理解一切。

在心灵的一个方面，外部世界，即所见之物被反射在其上。在心灵的另一个方面，见者被反射在其上。这样，所有知识的力量就都出现在心灵中。

24. 尽管心灵充斥着无数色彩斑斓的欲望，却为了另一个 [原人] 而活动，因为它在结合中活动。

心灵是各种事物的复合物，因此不可能为了自身而运作。这个世上的一切结合都拥有自己的对象，这个对象是第三者，是这个结合的目的。心灵的结合就是为了原人。

25. 因为有分辨力，所以不再把心灵感知为真我。

通过分辨力，瑜伽士知道原人并不是心灵。

26. 然后，由于致力于分辨力，心灵获得了之前的独存状态。[1]

瑜伽练习会产生分辨力和清晰的眼力。面纱从眼前落下，我们会如其所是地看到事物。我们发现自然是复合物，它为原人展示一幅全景画卷，原人是见证者。我们发现自然并不是万物之主，自然的所有结合只是为了向原人展现一切现象。当通过长期的练习获得了分辨力的时候，恐惧就会停止，心灵获得独存。

27. 作为障碍而产生的思想源自潜印象。

所有让我们相信自己需要外部的东西才能获得幸福的想法，对于完美来说都是障碍。原人自身的本性就是幸福与福佑。但这样的知识却被过去的潜印象覆盖。这些潜印象必定会让自己发挥作用。

28. 消除它们的方式与消除无知、自我性等的方式相同 [参考第二章第 10 条经文]。[2]

1　这句经文还有另一种理解方式："然后，心灵深入到分辨力中，趋向于独存。"——原编者注。
　　黄宝生译《瑜伽经》中的第四章第 27 条经文在这个版本里没有："在心的那些间隙中，出现来自潜印象的其他认知。"

2　本条经文在黄宝生译《瑜伽经》中未收录。

29. 甚至在达到关于本质的正确分辨时，他也放弃了由于完美的支配而获得的成果，这种三摩地被称作法云（dharmamegha/the cloud of virtue）[1]。

当瑜伽士获得这种分辨力时，会获得前一章提到的所有力量，但真正的瑜伽士会拒绝所有这些。会有一种特殊的知识出现在他身上，是一种特定的光，被称作法云。历史上有记录的所有伟大先知都是如此，他们在自身之内发现了知识的全部基础，真理对他们来说已经成为现实。在放弃了对力量的虚荣心之后，宁静、平和以及完全的纯洁会成为他们自己的本性。

30. 由此出现痛苦和业的消除。

当法云三摩地出现时，就不会再有堕落的恐惧，没有任何东西会把瑜伽士向下拖拽了。对他来说不再有邪恶，不再有痛苦。

31. 覆盖物和杂质被清除，知识变得无限，可知者变得渺小。

知识本身还在那里，只是它的遮盖物被清除了。一部佛经曾把佛陀（这其实指的是一种状态）定义为无限的知识，就像天空那样无限。耶稣达到了这样的状态并成为基督。你们都会达到这样的状态。知识变得无限，可知的东西变得渺小。整个宇宙和知识的所有对象，都在原人面前变为虚空。普通人认为自己很渺

---

1 "dharmamegha" 由 dharma 和 megha 两个词复合而来。dharma 是法、正法，意味着正义、美德、秩序等，在印度是非常重要的概念；megha 是云，因而 dharmamegha 的英文是 "the cloud of virtue"，意为美德之云。"法云" 这个概念在佛教中也有。

小，因为对他来说，可知的东西似乎是无限的。

32. 这样，三性的连续转变结束，实现了自身的目的。

三性的所有转变——从一个物种到另一个物种——永远停止了。

33. 与刹那有关的、在另一端 [整个序列结束的地方] 被感知到的变化，就是次序。

帕坦伽利在这里定义了"次序"一词：与刹那有关的变化。当我思考时，很多刹那过去了，而在每个刹那都存在着一种观念的改变，我只能在这个序列结束的时候才能感知到这些变化。这被称作次序，但对于已经亲证了全在的心灵来说，并不存在次序。一切对它来说都是存在的。对它来说只有现在存在，过去和未来都消失了。时间得到了掌控，所有知识都存在于一秒钟之内，一切都在电光石火间被知道。

34. 三性依次得到消解，任何为了原人的动机都消失了；或者知识的力量在其自身本性中得以确立——这就是独存。

自然的任务完成了，这是我们贴心的守护者自己承担的无私的任务。她温柔地用手抓住那忘掉了自我的灵魂，向它展示宇宙中的所有经验、所有显现，通过各种身体把它带向越来越高级的地方，直到它失去的荣耀重新回归，直到它回忆起自己的本性。然后，慈爱的母亲沿着同样的路返回，去帮助那些迷失在生命沙漠中的人。这就是她的工作,无始无终。通过苦与乐、善与恶,无限的灵魂之河汇入了完美的、亲证自我的海洋。

荣耀属于那些已经亲证了自己本性的人。但愿他们的福佑降临在我们所有人身上!

灵性与心灵

实际灵性的迹象

加利福尼亚，洛杉矶，真理之家

今天早上，我将尝试向你们介绍有关呼吸和其他练习的事情。我们已经就理论做了很长时间的讨论，现在是时候了解一些实际的东西了。印度有很多关于这个主题的书籍，正如你们的人民在很多事情上很实际一样，我们的人民在这个方面似乎也很实际。在这个国家，五个人汇聚在一起齐心协力说"我们要打造一家股份制公司"，五个小时后这件事情就完成了。在印度，同样的事情五十年都没法完成，因为那里的人在这样的事情上非常不切实际。但请记住，如果有个人开创了一个哲学体系，无论其理论多么离谱，都会有追随者出现。例如，一个教派教导说，如果一个人日日夜夜单腿站立十二年就会得救，就会有数以百计的人尝试这样做，默默忍受着折磨。有些人为了获得宗教上的好处而经年累月地举起自己的胳膊，我已经见过数百个这样的人，而且他们可不是无知的傻瓜，他们理智的深度和广度会令人惊叹。可见，实际这个词也是相对的。

　　我们在批评别人时总是会犯这样的错误：认为自己渺小的精神世界就是一切，认为我们的伦理、道德、责任感和实用性是唯一值得拥有的东西。在欧洲的时候，我坐船经过马赛，那里正在举行斗牛。轮船上的英国人都激愤不已，谴责和批评这种残忍的行为。当到达英国时，我听说一群从事职业拳击的人在巴黎被法国人毫不客气地赶了出来，因为法国人认为职业拳击太残酷了。当在各个国家听到这样的事情后，我终于能理解基督了不起的教导了："你们不要论断人，免得你们被论断。"[1] 了解得越多，我们就越会发现自己是何其无知，而人类的心灵是何其多样和多面。当我还是孩子时，常常批评同胞的苦行实践。我们那片土地上的伟大传道者曾批评过他们，最伟大的佛陀也曾批评过他们。但随着年龄的增长，我感到自己并没有权利来做评判。有时我觉得，尽管那些人非常不协调，但我要是能够拥有他们做事和受苦的力量的一小部分就好了。我时常认为自己的判断和批评并不源自对折磨的厌恶，而是源自怯懦，因为我做不到这些、不敢这样做。

　　可以看到，强大、力量和勇气是非常特别的东西。我们常说，"一个有勇气的人、一个勇敢的人、一个大胆的人"，但必须记住，这种勇气、勇敢或任何其他特征并不总是能够恰当地刻画那个人。一个人可以勇敢地冒着炮火前进，却在外科大夫的手术刀前瑟瑟发抖，而另一个连枪都不敢拿的人却可以在需要的时候

1　《新约·马太福音》7.1。

冷静地接受一场高难度的手术。在评价他人时，我们要定义什么叫勇气或伟大。我批评的那个人可能在某个方面很不好，却在某个我做得很糟的方面十分出色。

再举一个别的例子。你们常常会发现，当人们讨论男人和女人可以做什么时，总是会犯同样的错误。例如，人们认为能够战斗、进行大量身体活动的男人是最好的，而这与女性身体的柔弱和不好斗的性情格格不入。这是不公平的。女性和男性一样有勇气，每个人都可以按照自己的方式做得同样好。什么样的男人可以像女性一样，如此耐心、持续、充满爱地照顾一个孩子？一方拥有做事的力量，另一方则拥有忍耐力；如果要说女性缺乏行动力的话，那么男性也缺乏忍耐力。整个宇宙都是完美的平衡。或许某一天我们会醒来并发现，小小的蠕虫中恰恰有某种可以平衡男性气概的东西，而最邪恶的人可能拥有某种我完全缺乏的善良品质——这样的事情到处都是。看看那些野蛮人吧！我倒希望自己可以拥有如此出色的体魄。他们心满意足地吃吃喝喝，不知道什么是疾病，我却每分钟都在受苦。要是能用我的大脑去换他的身体，我该多高兴啊！整个宇宙不过是涌起和凹陷，没有凹陷就不会有涌起，平衡无处不在。你拥有一样了不起的东西，你的邻居则拥有另一样了不起的东西。在评判男人和女人时，要按照他们各自关于伟大的标准来判断，不能削足适履。一方无权说另一方是邪恶的。一条古老的迷信说："如果做了这样的事情，世界就会毁灭。"但世界并没有毁灭。据说在这个国家，如果黑人得到了自由，国家就会毁灭——果真如此吗？还有人说，如果群众得到了教育，世界就会毁灭，可实际上世界却变得更好。若干年前有一本书描绘了英国可能发生的最糟糕的事情，作者试图表明，随着工人薪水的提升，英国的商业会衰落。有人呼吁说，英国工人的要求过高了，而德国工人的薪水更低。一个委员会被派往德国进行调查，并报告说德国劳动者的工资其实更高。为什么会这样？因为群众得到了教育。既然如此，怎么还能说对群众的教育会让世界毁灭呢？特别是在印度，到处都是这种老顽固，他们想对群众保守一切秘密。这些人得出了非常令自己满意的结论：他们就是宇宙的精华中的精华（crème de la crème）[1]。他们相信那些危险的实验不会伤害自己，只有群众才会被伤害！

现在回到实际的事情上。在印度，心理学的实际应用很早就成了一门学科。在基督降生前大约一千四百年，印度就出现了一位伟大的哲学家帕坦伽利（Patañjali）[2]。他收集了心理学中所有的事实、证据和研究，并利用了一切过去积累的经验。不要忘了，这个世界非常古老，不是在两三千年前才被创造出来的。在西方人们被教导说，社会出现于一千八百年前，那时有了《新约》，在那之前不存在社会。对于西方来说这可能是正确的，但对全世界来说则不然。当我在伦敦作讲座时，我的一位非常博学聪明的朋友常会和我争论。有一天，在用尽了所有武器来反驳我之后，

1　"crème de la crème"是法语，"crème"的字面意思是"奶油"，也有"精华"的意思。

2　帕坦伽利（Patañjali）是《瑜伽经》的作者，又译"钵颠阇利"，关于他的生活年代没有定论，研究一般认为《瑜伽经》的成书年代在公元二世纪至五世纪之间。公元前二世纪还有一位语法学家也叫帕坦伽利，但没有明确证据表明二者是同一个人。参阅黄宝生《瑜伽经》导言第3页。辨喜在这里采用的是传说中的说法。

他突然惊呼道:"但你的那些仙人们怎么没来英国教导我们?"我回答说:"因为那时没有英国。难道要让他们向森林传道吗?"

英格索尔[1]对我说:"如果五十年前你来这里传教,就会被绞死、烧死或者至少扔出村子。"

其实,假设文明在基督之前已经存在了一千四百年,这并没有什么不合理的。我们不确定文明是否总是从低级向高级前进,用来证明这种说法的论证和证据也可以被用来证明野蛮人只不过是一个堕落的文明人。例如,中国人就绝不会相信文明是从一个野蛮的国家起源的,因为他们的经验与此相反。可当谈到美国的文明时,你们指的却是自己民族的永存和成长。

我们很容易相信,尽管已经衰退了七百年,但印度人曾在过去达到过高度的文明。我们不能证明事实并非如此。

没有任何证据表明文明是自发的。除非一个民族与另一个文明的民族相融合,否则它永远不会变得文明。可以说,文明的起源应当被归于一两个走出国门、传播思想、与其他民族相融合的民族,文明就是这样得到传播的。

为了实际的目的,让我们用现代科学的语言来阐述。大家必须记住,既存在着宗教迷信,也存在着科学上的迷信。有一些神职人员把宗教工作当作自己的专长,同样也有物理法则和科学的神职人员。只要提到如达尔文或赫胥黎这样伟大科学家的名字,我们就会盲目追随,这可是当今的风潮呢。我们所说的科学知识

---

1 罗伯特·英格索尔(Robert G. Ingersoll,1833—1899),美国作家、演说家。

有百分之九十九不过是理论，其中很多东西并不比关于三头六臂的鬼魂的古老迷信更可靠，区别在于，后一种迷信好歹还说人和石头不是一回事。真正的科学要求我们必须小心谨慎，我们要像小心神职人员那样小心科学家。一切要从怀疑开始，先是分析、测试、证明，然后再接受。现代科学中一些最流行的信念尚未得到证实。甚至在数学这样的科学中，绝大多数理论也不过是一些在起作用的假设。如果更伟大的知识出现，它们就会被抛弃。

公元前一千四百年，一位伟大的智者试图对一些心理学上的事实进行整理、分析和概括。他有很多追随者，这些人对他的部分发现进行了专门的研究。在所有古老的民族中，只有印度人认真而热心地研究了这个领域的知识。我现在正在教给你们关于它的知识，可你们中有多少人会去实践它呢？你们在放弃之前会实践多久，几天还是几个月？你们在这个领域内是很不切实际的，而在印度，人们总是会坚持不懈。你们会惊讶地发现，印度人没有教堂、没有公祷（Common Prayers）或类似的东西，但他们每天都练习呼吸和专注，这是他们对神的奉献的主要形式。这些是要点，是每个印度教徒都必须从事的，是整个国家的宗教。每个人都有自己独特的方法、独特的呼吸方式、独特的专注方式，自己的妻子或父亲甚至都不需要知道这些。但每个人都会做这些，其中没有任何神秘的东西，"神秘"这个词本就与这些东西无关。每天有成千上万的人坐在恒河岸边，闭着眼睛练习呼吸和专注。这些练习之所以不是全人类都可以进行的，可能有两个原因。一是老师们认为普通人不适合练习这些，这可能有些道理，但更多是出于傲慢。二是担心受到迫害，例如，一个人之所以不想在这个国家公开练习呼吸，是因为这样做会被认为很奇怪，毕竟这不是此地的风尚。另一方面，在印度，如果一个人祈祷说"请给我今日份的面包"，人们也会嘲笑他。对印度人来说，没有什么比说"我们在天上的父"[1]更愚蠢的了，因为在崇敬神时，印度人认为神就在自己之内。

在瑜伽士看来，有三种主要的神经流：一是左脉，二是右脉，三是位于中间的中脉，这三者都在脊柱之内。左脉和右脉都是神经丛，中脉则不然，它是中空的。对于普通人来说，中脉是封闭且无用的，他们只通过左脉和右脉来运行。神经流不断通过这些神经下行或上升，通过遍布身体各个器官的其他神经来传递命令。

练习呼吸的主要目标是让左右脉得到调节并变得有节律，但这本身并不算什么，不过是把很多空气吸入肺部，除了净化血液之外也没什么用途。我们吸入空气并吸收它，以净化血液，这其中没有任何神秘的东西，不过是一种活动而已，可以被还原为生命气的运行。在任何地方的任何活动都是生命气的显现，它是电力，是磁力，大脑把它作为思想发送出来。一切都是生命气，是它推动着日月星辰。

宇宙中的任何东西都是由生命气的振动投射出来的，而这种振动最高级的结果就是思想。即使还有更高级的东西，我们也无法感知它。左右脉都通过生命气来运作，是生命气在体内的各个

---

1 《新约·马太福音》6.9，《新约·路加福音》11.2。

部分移动，形成各种力。我们要放弃这种陈旧的观念：神会产生出结果，坐在王座上分配正义。我们之所以会在行动中变得筋疲力尽，是因为我们消耗了如此多的生命气。

呼吸练习被称作调息，可以让呼吸得到调节，让生命气的活动有节律。当生命气有节律地运作时，一切都会运转得很好。当瑜伽士掌控了自己的身体时，如果任何部位有疾病，他们就会知道那是生命气紊乱造成的，然后他们就可以把生命气引向那个地方，直到节律被重新建立起来。

正如可以掌控自己体内的生命气一样，如果你足够有力，就也可以掌控他人体内的生命气，甚至在这里掌控一个身在印度的人的生命气。一切都是一。不存在中断，统一性才是法则。无论是从物理上、心理上、精神上、道德上还是形而上学上看，一切都是一。生命不过是一种振动，让以太之海振动的东西也就是让你振动的东西。在一片湖水中不同的固体会形成不同的冰层，在蒸汽的海洋中会有不同程度的密度，同样，宇宙就是这样一片物质的海洋。这是一片以太之海，在其中我们可以发现太阳、月亮、星星和我们自己，这些处于不同的固体状态，但连续性并没有中断，它始终如一。

在研究形而上学时我们知道世界是一，灵性的世界、物质的世界、心智的世界和能量的世界并不是相分离的。一切都是一，只是在不同的层面上被看到罢了。如果认为自己是一具身体，你就会忘记自己还是一个心灵；如果认为自己是一个心灵，你就会忘记自己还是一具身体。其实你只是一个东西，可以被看作物质或身体，也可以被看作心灵或精神。出生、生命和死亡不过是古老的迷信，没有人出生，也没有人会死亡，一切不过是位置的改变而已。我很遗憾地看到在西方的人们如此看重死亡，总是试图抓住微不足道的生命。"给我死后的生命！给我生命！"如果有人告诉大家还有死后的生活存在，人们一定会非常高兴！我怎么能怀疑这样的事情！怎么能想象自己死了！试着想象自己死了，你会发现自己正看着自己的尸体。生命是如此奇妙的现实，以至于大家片刻也忘不了它。你可能怀疑自己的存在，意识的第一个事实就是：我是。谁能想象从不存在的事物的状态？这是所有真理中最不证自明的了。所以，不朽的观念是人所固有的。人们怎么能讨论一个无法想象的东西？我们为什么要讨论一个不证自明的东西的正反两面？

因此，无论站在何种视角来看，整个宇宙都是一个整体。现在对我们来说，宇宙就是生命气和空元素——也就是力和物质——组成的整体。请注意，与所有其他基本原则一样，这也是自相矛盾的。什么是力？力就是推动物质的东西。什么是物质？物质就是被力推动的东西。这是一个跷跷板游戏！尽管拥有丰富的科学知识，但我们推理的某些基础还是非常奇怪的。正如一句梵语谚语所说："这是没有头的头痛。"事物的这种状态就是摩耶，它既不是存在，也不是不存在。我们不能说它存在，因为它的存在超越时空，是自己存在的。但这个世界也在某种程度上满足了我们关于存在的观念，因此看上去也是一种存在。

但在一切东西中，有一种真正的存在，这种实在被时间、空间和因果关系之网笼罩住了。有一个真正的人，他是无限的、无始无终的、永远有福佑的、永远自由的，但他被时间、空间和因果关系之网笼罩住了。世上的一切皆是如此，任何东西的实在都是同样无限的。这并不是唯心论[1]，不是说世界并不存在。世界有一种相对性的存在，但并没有独立的存在。它之所以存在，是因为那个超越了时间、空间和因果关系的绝对实在。

我说了很长的题外话，现在让我们回到主题。

一切自动的、有意识的活动都是生命气通过神经产生的运作。可以看到，能掌控无意识的行为是非常好的。

在其他场合我曾告诉大家关于神和人的定义。人是一个无限的圆，圆周不在任何地方，圆心则位于某个点上；神也是一个无限的圆，圆周不在任何地方，圆心则无处不在。祂通过所有手行动，通过所有眼睛观看，通过所有嘴言说，通过所有大脑思考。如果人无限扩大自我意识的中心，就可以变得像神一样，并掌控整个宇宙。因此，意识是我们主要需要理解的东西。假定黑暗中有一条无限的线，我们看不到这条线，但它之上有一个发光的点在持续移动着。当它沿着线移动时会点亮紧接在自己之后的部分，而其他部分仍然在黑暗中。我们的意识就像是这样一个发光点，它过去的经验已经被现在的经验取代，或者变成了潜意识。我们并不知道这些东西就在我们之内，但它们的确存在，在无意识地影响着我们的身心。每一个不借助意识的帮助而进行的活动，在之前其实

1　这里所说的唯心论（Idealism）是来自西方哲学的术语。简单地说，唯心论也被译为"观念论"，主张观念而非外部事物才是知识的对象，而对象和性质是依赖于我们心灵的。

都是有意识地进行的，它们已经获得了足够的推动力来自己运作。

　　一切伦理体系中最大的错误无一例外都是未能教给人们避免恶行的方法。所有伦理体系都教导："不要偷盗！"很好，可一个人为什么要去偷盗呢？因为所有偷盗、抢劫和其他恶行已经变成自动的了。这些早已成体系的强盗、小偷、骗子、不正义的男男女女可都是在不由自主地行事啊！这其实是一个巨大的心理问题，而我们应该从最仁慈的视角看待人们。做一个好人可不是件容易的事情。在变得自由之前，你不就是台机器吗？难道你应该为自己是个好人而感到自豪吗？当然不是这样。你是一个好人，因为你不能不这样。另一个人很坏，也是因为他不能不这样。如果你处在他的位置上，谁知道你会变成什么样子？流落街头的女子或监狱里的小偷，都是为了让你可以成为一个好人而被牺牲的基督。这就是平衡的法则。所有小偷和凶手，所有不正义、最软弱、最邪恶的魔鬼，都是我们的基督！我要崇敬作为神的基督，也要崇敬这些化身为恶魔的基督！这就是我的教义，我不能不这样做。我向好人、圣人致敬，也向恶人和魔鬼致敬！他们都是我的老师，是我灵性上的父亲，是我的救世主。我可以诅咒一个人，但仍然从他的失败中获益；也可以祝福一个人，并从他的善行中获益。这一点就如同我此刻站在这里一样真实。我不得不嘲笑那个沦落街头的女人，因为社会想让我这么做！她是我的救世主，她的沦落街头是其他女性保持贞洁的原因！想想这一点吧。无论男女，都请用心想想这一点。这是一个事实，一个再明显不过的事实！当我见识过更多的世界，见识过更多的男男女女，这种信念就变得越来越强。我应该责备谁呢？应该赞美谁呢？一个事物的两面都必须被看到。

我们面前的任务是艰巨的，而首先我们必须努力控制住大量沉入深处的、对我们来说已经变得自动的思想。恶行无疑是在意识的层面上的，但产生恶行的原因则远远超出了潜意识的、不可见的领域，因而是更强有力的。

实际的心理学首先将所有精力用于掌控无意识的东西，而且我们知道自己可以做到这一点。为什么？因为我们知道无意识的东西的原因是有意识的东西，无意识的思想是无数旧的有意识的思想的堆积，这些旧的有意识的行为变得石化了，我们看不到它们，不知道它们，忘记了它们。但请注意，如果邪恶的力量存在于潜意识中，善良的力量就也在那里。我们之内存放了很多东西，就像放在一只口袋里那样。我们忘记了它们，甚至不会思考它们，它们中的很多部分腐烂了，变得很危险。它们会涌现出来，正是这些无意识的原因杀死了人性。因此，真正的心理学试图把它们放置在意识的掌控下。我们的主要任务是让整个人复苏，完全成为自己的主人。甚至所谓的身体器官的自动运作——比如肝脏的活动等——也可以听从我们的指令。

这是学习的第一部分，即对无意识的掌控，接下来则是要超出意识。潜意识在意识之下运作，同样，意识也在另外某个东西下运作。如果达到了这种超意识状态，人就会变得自由和神圣，死亡会变成不朽，软弱会变成无限的力量，奴役会变成自由。无限的超意识领域就是我们的目标。

可以看到，这里肯定存在着两方面的任务。首先，要通过现存的两种普通的神经流，即左右脉的恰当运作来掌控潜意识活动；其次，要超越意识。

经典告诉我们，只有这样的人才是瑜伽士：经过长时间的专注练习，他实现了这种真理；中脉被打开了，之前不存在的神经流进入这条新的通道并找到自己的路线，逐步上升到不同的莲花中枢（这里我们使用的是形象化的比喻），直到最后到达大脑。然后瑜伽士就会意识到自己就是神自身。

我们每个人都可以毫无例外地达到瑜伽的巅峰，但这的确是一项艰巨的任务。如果想实现这种真理，一个人必须做更多的事情，而不是听听讲座、练练呼吸就完了。事情的关键在于准备。点燃一根蜡烛要多久？一秒钟就够了。但制造一根蜡烛则要多长时间啊！吃晚餐要多久？大概半个小时，可准备食物却可能要花几个小时！我们都想在一秒钟内点亮蜡烛，却忘了制造蜡烛才是最重要的。

尽管非常困难，但即便最微小的努力也不会白费。我们知道不会有任何东西化为虚无。在《薄伽梵歌》中阿周那问克里希那："那些今生未能在瑜伽中达到完美的人，是否像夏天的云朵一样被摧毁了？"克里希那回答说："我的朋友，没有什么会在这个世上化为虚无。无论做了什么，这些东西都还是属于那个人的，如果瑜伽的果实没有在今生到来，它就会在下一世继续伴随那个人。"[1] 否则，你如何解释耶稣、佛陀和商羯罗的非凡童年？

1　参阅《薄伽梵歌》6.37—41。

呼吸和坐姿等在瑜伽中当然是很有用的，但这仅仅是物理方面的东西。最伟大的准备是精神上的，首先需要的就是安静与平和的生活。

如果想成为瑜伽士，你必须是自由的，让自己待在独处的、没有任何焦虑的环境中。渴望舒适美妙的生活却同时又想亲证大我的人肯定是傻瓜，他想蹚过一条河，却把鳄鱼当作木头紧紧抱住。（《分辨宝鬘》84）[1] "你们要先求他的国和他的义。这些东西都要加给你们了。"[2] 这是了不起的责任，是弃绝。要为了理想而生活，不要在心中给任何其他东西留下空间。让我们竭尽全力去获得那永不失败的东西——灵性上的完美。如果拥有对亲证的真正渴望，我们就一定要奋斗，通过奋斗才能获得成长。我们会犯错，但这些错误可能是未被意识到的天使。

对灵性生活帮助最大的就是冥想。在冥想中，我们从所有物质条件中抽离出来，感受到自己神圣的本性，不依赖任何外部的帮助。灵魂的触碰可以在最肮脏的地方绘制出最美妙的色彩，在最污浊的东西上散发出香气，让所有邪恶、敌意和自私荡然无存。越少考虑身体就越好，因为是身体在把我们向下拖拽，是对身体的执着和认同让我们痛苦。这就是秘密：要认为我是精神而非身体，认为整个宇宙以及其中的所有关系、善恶都不过是一系列绘画，是画布上的场景，而我则是这一切的见证者。

---

1 《分辨宝鬘》（Vivekacūḍāmaṇi）是用诗体写就的不二论的导论性文献。有人认为其作者是商羯罗，但真正的作者是有争议的。

2 《新约·马太福音》6.33。

心灵的力量

加利福尼亚，洛杉矶，1900 年 1 月 8 日

在全世界，在各个时代，都存在对超自然的信念。我们都听说过一些不寻常的事件，很多人对此还有一些个人的体验。我会通过自己亲身经历的事情来引入这个主题。

我曾听说过一个人，如果有人带着问题去问他，他无需询问就可以直接给出回答，据说他甚至可以预言未来。我很好奇，便和一些朋友一道去找他。我们每个人都有一些问题要问，为了避免错误，我们把问题写下来放在口袋里。那个人一看到我们，就重复出我们的问题并给出回答。接着他在纸上写了些东西并折起来，让我在背面做上记号，他说："别看，把它放在口袋里，等我让你看的时候再打开。"我们每个人都得到了这样的指令。随后他告诉了我们一些将来会发生的事情并说道："现在，用任何你们喜欢的语言构想一个单词或句子。"我用梵语构想出一个长句子，他可几乎不懂梵语。他说道："现在从口袋里拿出纸来吧。"那个

梵语句子就写在上面！他在一个小时前就写下了这个句子，而且还附带着一条评论："为了确证我所写的东西，这个人会想到这个句子。"的确如此。我们中另一个人的经历也是一样，他想到的是一个阿拉伯语的句子，是《古兰经》中的一段话，对方就更不可能知道了，可这句话也被写在了纸上。我们中的另一个人是医生，他想到的是一本德语医学著作上的话，它也被写在了纸上。几天后，我又去见了那个人，因为觉得自己上次可能是被欺骗了，我带了另一些朋友，而这次对方仍然做得非常出色。

还有一次我在印度的海得拉巴[1]，得知那里有一位婆罗门，可以从没人知道的地方制造出任意的东西来。他在那里做生意，是一位受人尊敬的绅士。我让他展示一下自己的绝招。他碰巧发烧了，在印度人们普遍相信，一位圣洁的人把手放在病人身上就可以让病人康复。所以这位婆罗门对我说："先生，请把你的手放在我的头上，这样我的发烧就会好了。"我说："当然可以，不过你得展示一下你的绝招。"他同意了。我把手放在他的头上，随后他也履行了诺言。他把一切衣物都除去，只在腰间缠着一块布。因为天有些冷，我就把自己的一条毯子给他裹住身体，并让他坐在一个角落。周围有二十五双眼睛盯着他，他说："现在请写下任何你们想要的东西。"我们写下了各种水果的名字，都是这个国家从未种植过的，比如葡萄、橙子等。我们把纸条交给他，然后他就从自己的毯子下面拿出了葡萄、橙子等东西，这些东西非

1　海得拉巴（Hyderabad）位于印度中部，现在是安得拉邦和特伦甘纳邦两个邦的首府。

常多，以至于都快有那个人体重的两倍了。他请我们吃掉这些水果，有些人拒绝了，认为这是催眠术，但他自己开始吃起来，于是我们也就开吃了。幸好大家都没事。最后他造出很多玫瑰花，每朵花都如此完美，上面还有露珠，没有一朵花被压坏或受到损伤。这些花可真多啊！当我问他怎么解释这一切时，他说："这不过是些戏法。"无论如何，这看上去都不可能只是些戏法。他从哪里弄出来这么多东西？

好吧，我见过很多类似的事情。在印度，你们会在各种地方遇到数以百计类似的事情。在每个国家其实都有，甚至在这个国家也不例外。当然，其中有很多是骗术，但当看到骗术时，你肯定会说这些骗术是一种摹仿。那么，在某个地方肯定存在着某种真实的东西，它是这些骗术摹仿的对象，因为人们不可能摹仿虚无，摹仿肯定是就某个真实的东西而言的。

在古代印度，距今数千年前，这样的事情比如今还要常见。在我看来，当一个国家的人口变得非常稠密时，有灵力的（psychical）力量就会衰退，而一个人烟很稀少的国家倒是可能有更多有灵力的力量。印度教徒有着分析性的头脑，他们研究了这些事实，并得出了一些非凡的结论；也就是说，他们创造了相关的科学。他们发现这些事情尽管非同寻常，却都是自然的，并不存在超自然的东西。它们都处于法则之下，正如任何其他物理现象一样，而一个天生就具备这种能力的人并不是一个怪胎。这些东西可以被系统地研究、练习和掌握，这种科学被称作王瑜伽的科学。有成千上万的人从事相关的研究，而对整个国家来说，它已经成为日常崇拜的一部分。

他们得出的结论是：一切非凡的力量都在人的心灵中，而人的心灵是普遍心灵的一部分。每个心灵都与其他心灵关联在一起，无论它在哪里，都处于与整个世界的实际的交流中。

你们是否知道思想传递（thought-transference）现象？一个人在这里思考着什么，他的想法却在另外某个人那里或另外某个地方显现出来。有人在经过准备后——不是完全偶然地——想把一个思想传递给一定距离外的另一个心灵，而另外那个心灵也知道一个思想到来了，可以准确地按照它发出时的样子接收到。距离不会造成区别。这个思想来到另一个人那里，那个人理解了它。如果你的心灵是一个孤立的东西，而我的心灵是另一个孤立的东西，这二者之间怎么可能有关联，我的思想怎么可能到你那里去？在通常情况下，我的思想不能直接去到你那里，但它可以溶解为以太的振动（ethereal vibrations），这些振动会到达你的大脑，然后再融合成你自己的思想。一边是思想的溶解，另一边则是思想的融合，这是一个迂回的过程。但在心灵感应（telepathy）中是没有这种过程的，其中的关联是直接的。

这表明存在着心灵的连续性，正如瑜伽士说的那样，心灵是普遍的。你的心灵、我的心灵、所有这些渺小的心灵，都是普遍心灵的碎片，是海洋中的微小波浪。由于这种连续性，我们可以把思想传递给彼此。

看看我们周围发生的一切吧，世界就在这种影响力的控制下。我们的一部分能量被用来维护自己的身体，除此之外，我们的每一个能量粒子日日夜夜都被用来影响他人。我们的身体、德性、理智和灵性都在持续地影响他人，反过来也被他人影响着。这就是发生在我们周围的事情。现在来看看一个具体的例子吧。有这样一个人，你们知道他很博学，说出的语言是优美的，可以滔滔不绝地讲上好几个小时，却没有给你们留下任何印象。而另外一个人只讲了很少的话，语言组织得不好，措辞也有问题，却给你们留下了极为深刻的印象。你们很多人应该都遇到过这样的事情。显然，语词自身是不会给人留下印象的，在产生印象的方面，语词甚至思想只能起三分之一的作用，其余三分之二的作用则属于人。这就是你们所说的个人魅力，是这种魅力震撼了你们的内心。

每个家庭都有自己的主人，有些是成功的，有些则不然。为什么？我们会在遇到失败时抱怨别人，在不成功的时候说这样或那样的事情是失败的原因，此时人们不愿意承认自己的缺点和软弱。每个人都试图让自己变得完美无缺，而把责任归咎于其他人或事情上，甚至说这只是运气不好。当一家之主失败时，他们应该问问自己，为什么有的人能够很好地管理一个家庭，有的人却弄得一团糟。然后你们会发现，差别其实就在于人的存在和人格。

再看看人类的伟大领袖吧，我们发现，起决定作用的总是一个人的人格。再看看过去所有伟大的作者和思想家。说真的，他们有多少思想？看看之前的人类领袖留给我们的著作，看看他们的每一本书并考量一番。迄今为止，在这个世界上真正被构想出来的新颖而真实的思想其实是屈指可数的。读一读他们的书留给我们的思想吧。这些作者对我们来说似乎并不是巨人，但我们知道他们在自己的时代是了不起的人物。是什么造就了他们？不仅是他们的思想和著作，也不仅是他们的言语，而是另外某样已经消失的东西，那就是他们的人格。正如我已经指出的那样，这种人格起到了三分之二的作用，而理智、语词的作用只有三分之一。贯穿我们内心的是他们的人格，是真正的人。我们的行为不过是结果，当那样的人出现时，相应的行为一定会到来，结果也会随之而来。

任何教育和训练的理想都应该是造就这样的人，可实际上我们却在试图打磨外表上的东西。打磨一个金玉其外、败絮其中的东西怎么可能有用？任何训练的目标都应该是使人成长。一个有影响力、仿佛把魔力投向自己同伴的人，就是力量的发电机，当他准备好的时候，就可以做任何自己想做的事情，那种人格可以让任何东西运转起来。

现在可以看到，尽管事实如此，但我们知道的任何物理法则都无法对此做出解释。怎么可能用化学和物理知识做出解释呢？氧、氢、碳，不同位置上的分子，还有细胞等，难道可以解释这种神秘的人格吗？还可以看到，这才是真正的人，他在生活、行动、工作，在影响和推动自己的同伴，当他离去后，他的理智、书籍和作品成为他留下的痕迹。想想这些吧，比较一下宗教上的伟大老师和伟大的哲学家。尽管写下了非凡的著作，但哲学家几乎不会影响到任何人的内心世界，而宗教上的伟大老师则在一生中感动了很多国家。这种差异就是由人格造成的。在哲学家身上起作用的人格是微小的，在伟大的先知身上起作用的人格则是巨大的。我们在哲学家那里可以触摸到理智，在先知那里则可以触摸到生命。在一种情形下，一切不过是化学过程，一些特定的化学成分被放在一起，它们逐渐结合起来，在合适的条件下可能发出闪光，也可能失败。在另一种情形下，一个人像火炬一样快速旋转着，照亮其他人。

瑜伽科学声称已经发现了促使这种人格发展的法则，通过恰当地关注这些法则和方法，每个人都可以让自己的人格成长并得到增强。这是一项伟大的实践，也是一切教育的秘密，具有普遍的适用性。无论在居家者、穷人、富人、商人还是灵性之人的生活中，在每一个人的生活中，增强这种人格都是一件了不起的事情。我们知道，在物理法则背后还有一些非常精微的法则。也就是说，不存在像物理世界、心智世界、灵性世界这样的实在，一切都是一。可以说，这是一种越来越精细的存在，最粗大的部分在这里，然后变得越来越精细。最精微的部分就是我们所说的灵性，最粗大的部分则是身体。无论微观还是宏观世界都是如此。我们的宇宙就是这样，它的外部是粗大的，然后逐渐变得精细，直到成为神。

我们也知道，最伟大的力量在精微而非粗糙的东西中。一个人背负着重物，我们看到他的肌肉隆起，全身都是在用力的迹象，我们可能会认为肌肉是很有力的东西。但真正赋予肌肉力量的其实是像丝线一样纤细的神经，一旦这些神经被从肌肉中剔除，肌肉就完全无法运作了。这些微小的神经带来的力量又来自更精微的东西，而那又来自更精微的东西，也就是思想，以此类推。因此，力量其实在于精微的东西。当然，我们可以在粗大的东西中看到运动，却看不到精微运动的发生。当粗大的东西运动时我们可以捕捉到它，因此自然而然地把运动等同为粗大的东西。但一切力量其实都在精微的东西中。或许在精微的东西中看不到任何运动，因为它们太细致了，无法被感知到。但如果我们能够通过科学或研究把握到这些精微的力——它们是外部表现的原因——那么这些外部表现自身就会得到掌控。湖底有一个小气泡浮了上来，除非它浮上湖面破裂掉，否则我们永远不会看到它；同样，除非思想发展成显著的行为或变成行动，否则我们也不会感知到它们。我们总是抱怨无法掌控自己的行为和思想，但我们怎么才能做到这一点呢？如果可以掌控精微的活动和思想，可以在一个东西变成行为和思想之前就从根基上掌控它，我们就可以掌控这一切。现在，如果通过一种方法可以分析、研究、理解并最终紧紧抓住这些精微的力量、精微的原因，我们就可以掌控自己，而一个掌控了自己心灵的人一定也可以掌控其他的心灵。这就是为什么纯洁和道德始终是宗教的对象，只有纯洁的、有道德的人才能掌控自身。所有心灵都是相同的，是同一个大的心灵（Mind）的不同部分。知道一块黏土的人就会知道宇宙中所有的黏土，知道并掌控了自己心灵的人也就知道了每个心灵的秘密，并且有能力掌控每个心灵。

如果掌控了精微的部分，我们就可以摆脱很多身体上的恶；如果掌控了精微的活动，我们就可以远离很多烦恼；如果掌控了精微的力量，我们就可以避免很多失败。到目前为止这都是很实用的，但除此之外，还有更高级的东西。

现在我要告诉你们一种理论，暂时不做论证，只是告诉大家结论。每个人在童年时代都经历了自己民族所经历的那些阶段，只不过一个孩子只花了几年，一个民族则需要花几千年来经历这些。孩子首先是个衰老的野蛮人，把蝴蝶踩在自己脚下，就像自己民族最初的祖先那样。随着成长，他经历了各种阶段，直到达到自己民族的发展阶段，只不过他是迅速地完成了这些过程。现在让我们把全人类视作一个民族，或者把全部动物——无论人类还是更低级的动物——视作一个整体。这样，这个整体所朝向的，肯定存在着一个终点，让我们称之为完美。一些男人和女人一出生就预见到人类进步的整个过程，他们并没有在漫长的岁月里不断等待并反复重生，直到整个人类都达到完美，相反，他们在一生中的短短几年内就通过了这些阶段。我们知道，如果能做到对自己真诚，我们就可以加速这个过程。如果一些没有任何文化的人被放在一座岛屿上，只有勉强够的食物、衣物和住所，他们也会逐渐发展并进化到文明的高级阶段。我们也知道，可以通过其他方法来加速这种成长。不是可以帮助树木更快地成长吗？放任自流的话，树木也会成长，只不过要花更多的时间，但我们可以帮它们在更短的时间内成长。其实我们一直在做同样的事情，通过人为的方法加速事物的成长，那为什么我们不能加速人的成长呢？作为一个种族，我们可以做到这一点。为什么老师要被派到其他国家去？因为由此我们可以加速种族的成长。我们难道不能加速个体的成长吗？当然可以。难道我们可以限制这种加速吗？不能说一个人在一生中只能成长多少，没有理由说一个人只能做到这样、无法进步了。环境可以极大地加速一个人的成长。在达到完美之前，怎么可能有任何限制呢？由此会产生出什么来呢？那就是一个完美的人，也就是整个种族或许在数百万年后才能达到的样子，而这样一个人却在今天就到了来了。这就是瑜伽士的说法：所有伟大的化身和先知都是这样的人，他们已经在今生达到了完美。世界历史的各个时代都有这样的人，就在最近，还有一个这样的人，他度过了人类种族的全部生命并在这一生就到达了终点。即便这种成长的加速也必须遵循规律。假设我们可以研究这些规律，理解其中的秘密并把它们运用于自己的需求，就一定会成长。我们可以加速自己的成长、发展，在这一生中就变得完美。这是我们生命更高级的部分，而关于心灵及其力量的科学把这种完美当作自己真正的目的。相比之下，用金钱或物质帮助他人，教导他们如何在日常生活中一帆风顺，则不过是细枝末节。

这门科学的功效就在于造就完美的人，不要让人们经年累月地等待，就像尘世间的沧海一粟，在大海中随波逐流。这门科学希望你们变得强大有力，承担起自己手中的任务，而不是放任自流、听天由命，要超越自己渺小的生命。这是一种伟大的观念。

在知识、力量和幸福方面，人都在成长，作为一个种族，我们也在不断成长。情况的确如此，那么，对于个人来说也是如此吗？在一定程度上的确如此，但问题又来了：我们的限度在哪里？我只能看到一定距离之内的东西。但我曾见过这样一个人，他可以闭上眼睛看到在另一个房间里发生的事情。你可能不相信，但三个星期后那个人或许就可以让你做到同样的事情，甚至每个人都能学会。有些人在五分钟内就可以读出另一个人心中的想法，这样的事情倒是可以被证实。

如果真有这样的事情，我们的限度究竟应该在哪里呢？如果一个人可以在这个房间的角落里读出他人心中的想法，他为什么不能在别的房间甚至更远的地方做到这一点呢？我们没法否认这一点，不能说这是不可能的，只能说自己并不知道这是怎么一回事。科学家也没有权利说这样的事情是不可能的，只能说"我们也搞不清楚"。科学必须收集事实，在此基础上做出概括，然后推论出原则并陈述真理，这就是科学所能做的事情。但如果我们从一开始就否认这些事实，这怎么可能成为科学呢？

一个人可以获得的力量是没有止境的。印度思想的一个特点就是，当有东西令人感兴趣时，印度的思想就会把它吸收进来，而其他东西都会被忽视。你们知道很多科学都起源于印度，比如数学，大家现在还在按照梵语的数字书写 1、2、3 直到 0[1]，代数也起源于印度，甚至在牛顿出生前数千年印度人就已经知道万有引力。

你们会看到其中的独特之处。在印度的某个历史时期，关于人和心灵的主题吸引了印度人的全部兴趣。它如此具有诱惑力，

1　我们如今使用的阿拉伯数字（Arabic numerals）的准确说法应该是印度—阿拉伯数字（Hindu-Arabic numerals），的确起源于印度，但在传播期间数字的书写方式发生了很大变化，所以今天常用的数字和梵语中的数字在形态上还是有较大差异的。

因为这似乎是实现目标的最简单的方法。现在，印度的心灵完全被说服了，以至于可以依据规律做任何事情，其中的力量则成为了重要的研究对象。魅力、魔法和其他力量都不是什么非凡的东西，而是一门可以被有规律地教授的科学，正如印度人之前教授的物理学那样。这个民族对这些事物的深信使得物理学几乎消失了，这些东西成了他们面前唯一的事情。不同派别的瑜伽士开始进行各种实验。有些人用光做实验，试图发现不同颜色的光如何在身体内制造变化。他们穿着特定颜色的布，生活在特定颜色的环境中，吃着特定颜色的食物。所有实验都是这样进行的。有些人通过闭合和打开耳朵做关于声音的实验，还有些人做关于嗅觉的实验，等等。

其中的整个观念是：找到基础，达到事物的精微部分。有一些实验的确展现出最奇妙的力量，很多人尝试飘浮在空中或从物体中穿行过去。我可以讲一个从一位了不起的西方学者那里听到的故事，他是从一位看过相关表演的锡兰[1]总督那里听来的。一个女孩盘腿坐在一个由交叉的棍子制成的凳子上，一段时间后，表演者一个接一个地取走这些棍子，当所有棍子都被取走后，女孩就飘浮在空中了。总督认为这是个戏法，便取出剑来猛地划向女孩下面的空地，可那里什么都没有。这是怎么一回事？这不是魔术或某种非凡的东西，这就是印度思想的独特之处。在印度，没有人会说这样的事情不存在，对他们来说这是理所当然的事

---

1 锡兰即现在的斯里兰卡，当时是英国的殖民地。

222

情。你们知道印度教徒在不得不跟敌人作战时会说什么："哦，我们的一位瑜伽士会到来，然后把你们都赶走！"这是一个民族极端的信念。双手或刀剑有什么力量？力量全部都在精神中。

如果的确如此，那么这种诱惑足以让心灵发挥出最高的能力。但与任何其他科学一样，取得伟大的成就是很困难的，不，在这门科学中还要困难得多，可大多数人却认为可以轻易得到这些力量。赚到一笔巨款要花多少年？想想看吧！首先，你要花多少年学习电力学或工程学？然后还要耗尽一生去工作。

此外，大多数其他科学处理的是不动的、固定的东西。你可以分析这把椅子，它可不会长翅膀飞走。但这门科学处理的是心灵，它无时无刻不在活动，在你想研究它的一瞬间，它就从你手中溜走了。心灵此刻处于一种情绪中，下一刻又处于另一种情绪中，它在不断改变，对它的研究、理解、把握和掌控必须在这种变化中进行。难怪这门科学要难得多！它需要严格的训练。有人问我为什么不教给他们实践性的课程。为什么？这可不是开玩笑。我站在这里与你们交谈，你们回到家后不会发现得到了任何益处，我也一样。然后你们会说："都是胡扯。"这是因为你们希望这些东西变成胡扯。我对这门科学知之甚少，但我拥有的那点有限的东西却帮助我在生命的三十年间做出行动，而六年来我一直在告诉大家我知道的那点有限的东西。我花了三十年学习它，这可是艰苦的三十年啊。有时我一天要工作二十个小时，有时只能在夜里睡上一个小时，有时工作一整夜，有时住在几乎没有声音和气息的地方，有时住在洞穴里。想想这些吧，可我仍然知道得很少，甚至可以说是一无所知，几乎没有触及这门科学的皮毛。但我知道它是真实的、广阔的、绝妙的。

如果有人真的想学习这门科学，就必须带着与从事生命中任何事业同样的决心开始，不，要比那种决心更坚决才行。一项事业需要耗费多么大的精力，是一个多么严格的监工啊！就算父母妻儿死去了，工作也不能停止！就算心碎了也必须继续工作，哪怕每时每刻都是痛苦的。这就是事业，我们认为这是正义的、正确的。

这门科学要求比任何事业都更多的努力。很多人可以在事业上取得成功，但很少有人能在这门科学上成功，因为它非常依赖于学习者独特的素质。就像做生意，不可能所有人都挣到一大笔，但大家都可以得到些什么；同样，在对这门科学的学习中，每个人都可以瞥见一些东西，这足以使他深信真理，深信有人已经完全亲证了真理。

这就是这门科学的概要，它有自己的基础和光芒，足以和任何其他科学相媲美，但其中的江湖骗子、魔术师和舞弊者也比任何其他领域都多，为什么？其实是出于同样的理由，毕竟一项事业可以带来的利益越大，骗子的数量就越多。但这并不构成一项事业不该变好的理由。此外，倾听所有论证是一种很好的理智上的操练，聆听奇妙的事情则是很好的理智上的满足。但是，如果你们真的想学习某些超越于这之上的东西，只参加讲座就是不够的。有些东西无法在讲座中被教授，因为那是生命，生命只能由生命来传递。如果有人真的决心学习它，我会很乐意提供帮助。

术语表

现代梵语本来是由天城体（devanāgarī）书写的，但在国际上通常会被转写为拉丁字母，以方便阅读和印刷。梵语的转写方法不止一种，很多出版物的转写都不规范。因此，译者在此统一采用国际上通行的"国际梵语转写字母"（International Alphabet of Sanskrit Transliteration，缩写为 IAST）进行转写，以方便大家查阅。一些梵语术语后的括号内的英语是辨喜的翻译。

此外，梵语本身没有大小写字母之分，但出于拉丁字母的习惯，译者对人名、书名和地名采取了首字母大写，以方便读者识别。

一般性的印度哲学概念：

sāṃkhya	数论（又译：僧佉）
yoga	瑜伽
rāja yoga	王瑜伽
rāja yogi	王瑜伽士
bhakta	奉爱瑜伽士
śabda	声音

artha	意义
jñāna	知识，智慧
vāda	理论
siddhānta	结论
pratyakṣa（direct perception）	现量
anumāna（inference）	比量
āptavākya	圣言量（又译：圣教量）
vikalpa（delusion）	妄想
vitarka（question）	质询（又译：寻）
ātman（Self）	真我（在翻译"Self"时译为：大我）
māyā	摩耶（又译：幻）
tat tvam asi（Thou art That）	汝即那
mahākāśa（elemental space）	元素空间
cittākāśa（mental space）	心智空间
cidākāśa（knowledge space）	知识空间
dvaitādvaita（mono-dualism）	不一不异论

数论哲学概念：

puruṣa	原人（又译：神我）
prakṛti（nature）	原质（又译：原初物质、自性）
prakṛtilaya	与原质融合者（又译：化为原初物质者）

pradhāna（chief）	本因（又译：胜因）
avyakta	未显
guṇa	性质（又译：性、德）
sattva	悦性（又译：善性、喜性、萨埵）
rajas	激性（又译：动性、忧性、罗阇）
tamas	惰性（又译：暗性、多磨）
mahat（intelligence）	大
ahaṃkāra（egoism）	自我意识（又译：我慢）
buddhi（intellect）	觉（又译：菩提）
prāṇa	生命气（又译：气息、呼吸）
ākāśa（ether）	空元素（又译：以太、虚空、空、空界、空间、阿卡夏）
tanmātra（fine materials）	精微元素（又译：唯、精细成分）
indriya（sense-organ）	根
manas（mind）	意根（又译：心根、末那）
antaḥkaraṇa	内在器官（又译：内在感官、内官、内作具）

瑜伽概念：

vṛtti（wave）	心念（又译：心的活动）
citta（mind-stuff）	心质
saṃskāra（impression）	潜印象（又译：行）
savicāra（discrimination）	有观察（又译：有伺）

nirvicāra	无观察（又译：无伺）
savitarka	
（concentration with question）	有思考（又译：有寻）
nirvitarka	
（concentration without question）	无思考（又译：无寻）
sānanda	有欢喜
sāsmitā	有自我性
samprajñāta	有智（又译：有想）
asamprajñāta	无智（又译：无想）
nirvikalpa	无种子
kriyāyoga	瑜伽实修（又译：克里亚瑜伽、行动瑜伽、当为瑜伽）
yama	持戒（又译：自制、禁制、制戒）
ahiṃsā（non-injury）	不伤害（又译：非暴力）
asteya（non-stealing）	不偷盗
brahmacarya	梵行
aparigraha（non-receiving）	不执取（在翻译 "non-receiving" 时译为：不接受施舍）
niyama	内制（又译：遵行、劝制）
śauca（purity）	纯净
saṃtoṣa（contentment）	知足
tapas（austerity）	苦行
svādhyāya（study）	诵习

228

īśvarapraṇidhāna

（worshipping God）　　　　　敬仰自在天

āsana　　　　　　　　　　　坐姿（又译：坐法、体式）

prāṇāyāma　　　　　　　　　调息（又译：呼吸控制法）

recaka

（rejecting，exhaling）　　　　呼气

pūraka（inhaling）　　　　　吸气

kumbhaka

（restraining，stationary）　　屏息

pratyāhāra　　　　　　　　　制感

dhāraṇā（concentration）　　专注（又译：总持、执持）

dhyāna（meditation）　　　冥想（又译：沉思、禅那、静虑）

samādhi　　　　　　　　　三摩地（又译：入定、三昧、等持）

saṃyama　　　　　　　　　总御（又译：总制、三夜摩）

dharmamegha

（cloud of virtue）　　　　　法云

mantra　　　　　　　　　　真言（又译：曼怛罗，咒）

prātibha　　　　　　　　　直觉（又译：想象力）

ariṣṭa（portent）　　　　　预兆

kaivalya（isolation）　　　独存

siddhi（powers）　　　　　神通

kāyavyūha　　　　　　　　同时拥有多个身体

mahāyoga　　　　　　　　至上瑜伽

| abhāva | 空无瑜伽 |
| haṭha yoga | 哈他瑜伽 |

和身体有关的概念：

iḍā	左脉
piṅgala	右脉
suṣumṇā	中脉
kuṇḍalinī	昆达里尼
cakra	脉轮
mūlādhāra	海底轮
svādhiṣṭhāna	腹轮
maṇipūra	脐轮
anāhata	心轮
viśuddha	喉轮
ājñā	眉心轮
sahasrāra	顶轮
ojas	活力素
kūrma nāḍī	龟脉
udāna	上升气（又译：上气）
samāna	平行气（又译：中气）

文化概念：

| veda | 吠陀 |

purāṇa	往世书
gāyatrī	迦耶特利
īśvara	自在天
deva（god）	天神
ṛṣi	仙人
siddha	悉陀
guru	上师
vairāgya（renunciation）	弃绝（又译：离欲、不动心）
āpta	成就者
rasāyana	不死灵药

专有名词：

Chāndogya Upaniṣad	《歌者奥义书》
Muṇḍaka Upaniṣad	《剃发奥义书》
Śvetāśvatara Upaniṣad	《白骡奥义书》
Bhagavad Gītā	《薄伽梵歌》
Kūrma Purāṇa	《龟往世书》
Yogasūtra	《瑜伽经》
Vivekacūḍāmaṇi	《分辨宝鬘》
Indra	因陀罗
Nārada	那罗陀
Kṛṣṇa	克里希那（又译：奎师那、黑天）

Arjuna	阿周那
Vālmīki（ant-hill）	蚁蛭
Kapila	迦毗罗
Patañjali	帕坦伽利（又译：钵颠阇利）
svāti	牧夫座大角星

图书在版编目（CIP）数据

从冥想到三摩地：辨喜论王瑜伽和《瑜伽经》/（印）斯瓦米·维韦卡南达（辨喜）著；张励耕译. —北京：作家出版社，2023.3
（瑜珈奥义丛书）
ISBN 978-7-5212-1723-0

Ⅰ.①从…　Ⅱ.①斯…　②张…　Ⅲ.①瑜珈—研究　②瑜珈派—哲学思想—印度—普及读物　Ⅳ.① R161.1　② B351.2-49

中国版本图书馆 CIP 数据核字（2021）第 272481 号

从冥想到三摩地：辨喜论王瑜伽和《瑜伽经》

作　　者：[印]斯瓦米·维韦卡南达（辨喜）
译　　者：张励耕
责任编辑：方　焱
装帧设计：孙惟静
出版发行：作家出版社有限公司
社　　址：北京农展馆南里 10 号　　　　邮　　编：100125
电话传真：86-10-65067186（发行中心及邮购部）
　　　　　86-10-65004079（总编室）
E-mail:zuojia @ zuojia.net.cn
http://www.zuojiachubanshe.com
印　　刷：北京盛通印刷股份有限公司
成品尺寸：146×203
字　　数：171 千
印　　张：8.625
版　　次：2023 年 3 月第 1 版
印　　次：2023 年 3 月第 1 次印刷
ISBN 978-7-5212-1723-0
定　　价：49.00 元